Alles schnell lesen:

Wie Sie ein Buch pro Tag lesen und es besser behalten als je zuvor

Von Peter Hollins,
Autor und Rechercheur bei
petehollins.com

Inhaltsverzeichnis

INHALTSVERZEICHNIS 5

KAPITEL 1. JA, ES IST WAHR. 7

DIE NEUROBIOLOGIE DES LESENS 10
MYTHEN ÜBER SCHNELLES LESEN 13
VORTEILE VON SPEED READING 20

KAPITEL 2. VORABLESEN IST DER WEG 27

DIE KBG-METHODE 30
DIE 4-PS-METHODE 38
DER THIEVES-RAHMEN 44
HAUPTGEDANKEN UND SCHLÜSSELWÖRTER 46
DIE 4 STUFEN VON MORTIMER ADLER 52
VERSUCHEN SIE DEN SQ3R 63

KAPITEL 3. GRUNDLAGEN DES SPEED-READING 85

SUBVOKALISATION STOPPEN 89
TRAINIEREN SIE IHRE AUGEN 96
WORD-CHUNKING 105
STRATEGISCH ABSCHÖPFEN 107
VERSCHIEDENE STRATEGIEN ZUM SCHNELLEREN LESEN 115

KAPITEL 4. VERBESSERUNG DES VERSTÄNDNISSES UND DES BEHALTENS   123

GRUNDLEGENDE TIPPS ZUR VERBESSERUNG DES VERSTÄNDNISSES UND DER MERKFÄHIGKEIT   126
VISUALISIERUNG   130
OKULARE FITNESS   134
LESEN FÜR IDEEN   141
VORRATSSPEICHERUNG   144

ZUSAMMENFASSUNG   153

Kapitel 1. Ja, es ist wahr.

Wenn Sie diese Wörter lesen können, wissen Sie wahrscheinlich schon einiges über das Lesen. Allerdings gehört zum Lesen mehr als nur das Erkennen von Wörtern, das Verknüpfen ihrer Bedeutung und das Interpretieren der Bedeutung von Sätzen. Obwohl die meisten von uns diese grundlegende Funktion, das Lesen, ausführen können, sind wir darin notorisch ineffizient. Es fällt uns schwer, ein Buch zu Ende zu lesen, weil wir die Konzentration verlieren und auf halbem Weg aufgeben, oder wir machen uns einfach nicht die Mühe, mehr zu lesen als unbedingt nötig.

Das ist ein Fehler, egal wer Sie sind, denn Lesen ist wohl die einzige Tätigkeit, die Sie im Alleingang klüger machen kann, als Sie schon sind. Es erweitert nicht nur Ihr Wissen; die Forschung zeigt, dass es buchstäblich die Zusammensetzung Ihres Gehirns durch einen Prozess namens Neuroplastizität verändert. Viele der erfolgreichsten Menschen der Welt, wie Bill Gates, Mark Cuban, Elon Musk und Warren Buffet, sind begierige Leser und führen ihren Erfolg zum Teil auf das Wissen zurück, das sie aus all den Büchern, die sie gelesen haben, gewonnen haben.

Als ob es nicht schon genug wäre, klüger und erfolgreicher zu werden, macht Lesen Sie auch zu einem besseren Menschen, indem es Ihr Einfühlungsvermögen verbessert, weil Sie einer Vielzahl unterschiedlicher Persönlichkeiten, Überzeugungen und Denkweisen ausgesetzt sind. Außerdem baut es Stress ab und verlängert möglicherweise auch Ihre Lebensspanne.

Sie können all diese Vorteile durch die einfache Gewohnheit des Lesens genießen. Obwohl die Erweiterung des eigenen

Wissens und das Erreichen von mehr Intelligenz und Erfolg wahrscheinlich der größte Anreiz für jeden ist, zu lesen, stellt sich die wichtige Frage: Wie genau stellt man es an, dieses Ziel zu erreichen? In der heutigen Zeit haben nur wenige von uns die Zeit, sich hinzusetzen und Bücher zu lesen, die Hunderte von Seiten lang sind. Selbst Studenten tun sich damit schwer, ganz zu schweigen von Erwachsenen mit Vollzeitbeschäftigung. Wie kann man also effizient lesen?

Die Antwort darauf ist das so genannte „Speed Reading" oder Schnelllesen. Anders als der Begriff vermuten lässt, bedeutet dies nicht, dass Sie sich einfach nur die Gewohnheit aneignen sollten, Sätze mit extrem hoher Geschwindigkeit zu lesen. Es steckt viel mehr dahinter, und wir werden das Konzept des Schnelllesens im weiteren Verlauf dieses Buches eingehend untersuchen. Zunächst einmal wollen wir uns ansehen, was Lesen aus biologischer Sicht wirklich ist.

Die Neurobiologie des Lesens

Wie wir bereits kurz erörtert haben, besteht der grundlegende Prozess des Lesens darin, dass man Wörter zunächst mit den Augen wahrnimmt und sie dann in der Reihenfolge, in der sie erscheinen, gedanklich interpretiert. Stellen Sie sich ein Kind vor, das zum ersten Mal ein Buch liest. Es sieht die Wörter auf dem Papier und tastet die einzelnen Buchstaben ab, wie sie in den einzelnen Wörtern und Sätzen erscheinen. An diesem Teil des Prozesses sind hauptsächlich der Sehnerv und andere damit verbundene Funktionen beteiligt.

Sobald die Augen des Kindes die Wörter erkennen, denkt es darüber nach, was die Wörter zusammengesetzt bedeuten. Hier sind die mittleren und hinteren Teile seines Gehirns am Werk. Hier sind vor allem zwei Bereiche von Bedeutung. Dies sind das Broca-Areal und das Wernicke-Areal. Wir werden uns diese genauer ansehen.

Broca-Areal

Das Broca-Areal liegt im Frontallappen derjenigen Gehirnhälfte, die bei der Sprachproduktion dominiert (in der Regel die linke). Dieser Teil des Gehirns ist hauptsächlich mit der Sprachverarbeitung verbunden. Wenn Sie also einen bestimmten Gedanken haben und ihn laut aussprechen wollen, hilft Ihnen das Broca-Areal dabei. Die Bedeutung dieses Areals liegt darin, dass es zeigt, wie wichtig die Subvokalisation - d. h. die mentale Vokalisierung des Gelesenen - bei der Aufnahme von Sätzen sein kann. Eine Schädigung des Broca-Areals hindert Menschen daran, grammatikalisch korrekt zu sprechen, und es wurde festgestellt, dass sich dies auch auf ihre Fähigkeit auswirkt, Gelesenes zu verstehen. Wie wir später noch sehen werden, verhindert Subvokalisation jedoch ein schnelles Lesen und muss daher so weit wie möglich vermieden werden. Sie erfüllte einen wichtigen Zweck, als wir als Kinder lernten, zu lesen und einfache Sprache zu verstehen. Inzwischen hat sie jedoch ihren Nutzen verloren.

Wernicke-Areal

Das Wernicke-Areal ist der zweite Teil der Großhirnrinde, der mit dem Sprechen und der Sprache verbunden ist. Während das Broca-Areal jedoch in erster Linie für die Produktion von Sprache beim Sprechen verantwortlich ist, ist das Wernicke-Areal für das Verstehen von geschriebener und gesprochener Sprache zuständig. Eine Schädigung dieses Hirnareals führt dazu, dass eine Person zwar fließend sprechen kann, die Sätze aber ein Kauderwelsch sind, weil die Person nicht mehr in der Lage ist, die Bedeutung der Wörter zu verstehen.

Diese beiden Bereiche sind wichtig, denn wenn wir beim Lesen subvokalisieren oder Wörter in unserem Kopf wiederholen, führen wir einen zusätzlichen Schritt aus, indem wir das Broca-Areal das Gelesene vokalisieren lassen. Anstatt dies zu tun, können Sie einfach das Wernicke-Areal nutzen, um den Text zu verstehen und fortzufahren, wodurch die Zeit für die Verarbeitung des Satzes verkürzt und die

Lesegeschwindigkeit insgesamt erhöht wird.

Mythen über schnelles Lesen

Bevor wir weitergehen und erkunden, was Speed Reading wirklich bedeutet, ist es wichtig, mit einigen weit verbreiteten Mythen über die Aktivität selbst aufzuräumen. Dies wird uns helfen, die Erwartungen realistisch zu halten und zu klären, worum es bei der Methode wirklich geht.

Mythos 1: Schnelles Lesen ist ein Mythos

Der erste Mythos, mit dem wir uns befassen wollen, besagt, dass Schnelllesen an sich unmöglich ist und dass man seine Lesegeschwindigkeit nicht wesentlich erhöhen kann, ohne das Verständnis des gelesenen Materials zu beeinträchtigen. Schuld daran, dass dieser Mythos populär geworden ist, sind vor allem die so genannten Speed-Reading-Experten selbst. Einige von ihnen haben behauptet, dass es beim Lesen nicht auf das Verständnis ankommt und dass man manchmal einfach eine Seite überfliegen kann, um das Wesentliche des Geschriebenen zu verstehen.

Dies ist jedoch offensichtlich nicht richtig. Das Verstehen ist beim Lesen extrem wichtig, denn wenn man den Stoff nicht versteht, ist die ganze Aktivität nutzlos. Man kann das Lesetempo bis zu einem gewissen Punkt erhöhen, bevor man unweigerlich Kompromisse beim Verständnis eingeht.

Einige Experten behaupten, man könne bis zu 20.000 oder 25.000 Wörter pro Minute lesen und trotzdem alles verstehen. Doch das ist nicht wahr. Es ist biologisch unmöglich für uns, so schnell zu lesen, weil unsere Augen die Wörter einfach nicht mit einer so hohen Geschwindigkeit erfassen können. Wie wir bereits besprochen haben, fixieren Sie beim Lesen Ihre Augen auf einen bestimmten Satz, nehmen alle Wörter auf, die Sie sehen, und formulieren die Bedeutung aller zusammengesetzten

Wörter, bevor Sie zum nächsten Satz übergehen. Es gibt eine Grenze dafür, wie schnell Ihre Augen diesen Prozess durchführen können.

Einige Experten haben versucht, diese Einschränkung zu umgehen, indem sie einfach mehr Informationen auf einmal aufnehmen. Anstatt also einen Satz nach dem anderen zu lesen, liest man ganze Absätze, bevor man weitergeht. Das Problem dabei ist, dass unsere Augen wiederum nur in der Lage sind eine begrenzte Menge an Wörtern aufzunehmen. Sie können nur eine bestimmte Anzahl von Wörtern aufnehmen, bevor sie sich bewegen müssen, um mehr aufzunehmen.

Unsere Augen sind nicht der einzige Aspekt unserer Biologie, der daran schuld ist. Für unser Gehirn ist es schwierig, Informationen aus mehreren Zeilen gleichzeitig zu verarbeiten, da unser Arbeitsgedächtnis begrenzt ist. Im Endeffekt verarbeiten wir nicht alle Informationen, die wir aufgenommen haben, was zu einem schlechteren

Leseverständnis führt. Inwieweit können wir also unsere Lesegeschwindigkeit erhöhen? Das bringt uns zum nächsten Mythos über die Lesegeschwindigkeit.

Mythos 2: Selbst mäßige Steigerungen der Lesegeschwindigkeit führen zu einem schwachen Leseverständnis

Dieser Mythos ist mit Vorsicht zu genießen, denn er kann unter bestimmten Umständen stimmen, muss aber nicht *unbedingt* zutreffen, wenn Sie die Techniken des Schnelllesens so anwenden, dass das Verständnis im Vordergrund steht. Sie können Ihr Lesetempo durchaus erhöhen, ohne an Verständnis einzubüßen, aber wenn Sie sich ausschließlich darauf konzentrieren, so schnell wie möglich zu lesen, werden Sie letztendlich Kompromisse bei der Qualität eingehen.

Die Wissenschaft geht davon aus, dass man etwa 500-600 Wörter pro Minute lesen und trotzdem alles verstehen kann. Dies scheint eine harte Grenze zu sein, und alles über 600 Wörter pro Minute führt dazu, dass Sie weniger verstehen. Der Durchschnittsleser mit Hochschulbildung hat eine Geschwindigkeit von etwa 300 Wörtern pro Minute, was bedeutet, dass es theoretisch möglich ist, die Lesegeschwindigkeit zu verdoppeln.

Wenn jedoch behauptet wird, dass jemand schneller liest, dann werden wahrscheinlich Absätze und Seiten übersprungen, nur um behaupten zu können, dass man Bücher schnell durchlesen kann. Bei einigen Büchern, z. B. bei Sachbüchern, ist das möglich, ohne dass das Wesentliche verloren geht. Wenn Sie sich jedoch mit schwererer Literatur befassen, müssen Sie möglicherweise Ihre Geschwindigkeit reduzieren und Sätze mehrmals lesen, um sie vollständig zu verstehen. Es hängt alles davon ab, wie und wo Sie Ihre Schnelllesefähigkeiten einsetzen.

Ein wichtiger Punkt ist, dass man leicht in die Falle tappen kann, einfach so schnell wie möglich zu lesen und sich zu denken, dass man alles verstanden hat, obwohl das nicht der Fall ist. Richtig eingesetzt kann

Schnelllesen ein Segen sein, aber wenn man es wahllos anwendet, verliert man das Verständnis und kultiviert schlechte Lesegewohnheiten, bei denen das Lernen nicht im Vordergrund steht.

Mythos 3: Speed-Reading-Techniken funktionieren nicht

Den Verfechtern dieses Mythos zufolge kann man ein schnellerer Leser werden, aber Speed-Reading-Techniken helfen dabei nicht. Stattdessen müssen Sie einfach öfter lesen, um sich daran zu gewöhnen, Informationen schneller zu verarbeiten. Neben dem eigentlichen Lesen müssen Sie nichts Besonderes tun, denn Ihre Lesegeschwindigkeit wird sich automatisch erhöhen.

Wie beim ersten Mythos sind auch hier die Experten für Schnelllesen zum Teil selbst schuld, weil sie haarsträubende Behauptungen aufstellen. In diesem Fall lautet die Behauptung, dass Subvokalisation beim Schnelllesen stets vermieden werden sollte, weil sie die Anzahl der Wörter pro

Minute verlangsamt. Bei der Subvokalisation handelt es sich einfach um eine innere Stimme, die Wörter in Ihrem Kopf laut vorliest. Als Kind haben Sie vielleicht Ihre Worte laut ausgesprochen, weil Sie sie so besser verstanden haben. Dies ist derselbe Prozess, nur dass er vollständig in Ihrem Kopf stattfindet, und er ist ebenso wichtig, wenn es um das Verstehen geht.

Das Problem mit dieser Behauptung ist, dass sie eine universelle Wahrheit zu sein scheint. Tatsache ist, dass in einigen Fällen, z. B. beim Lesen von komplexem Material oder einfach nur zum Vergnügen, Subvokalisation erwünscht sein kann, da sie entweder das Verständnis oder den Genuss des Textes fördert. In anderen Fällen kann Subvokalisation jedoch effektiv eingedämmt werden, um die Lesegeschwindigkeit zu erhöhen.

Wenn Sie testen möchten, ob die Technik des Schnelllesens tatsächlich funktioniert, haben wir hier einen Trick für Sie. Verwenden Sie beim Lesen einen Zeiger (einen Stift, einen Bleistift oder einfach Ihren Finger) und verfolgen Sie damit beim Lesen den Text. Der Nutzen dieser Technik besteht darin, dass sie das Abschweifen Ihrer Augen reduziert, indem sie sie auf bestimmte Punkte fixiert. Wenn das bei Ihnen funktioniert, dann wissen Sie, dass Sie wirklich schneller lesen können.

Vorteile von Speed Reading

Im vorangegangenen Abschnitt haben wir einige Dinge behandelt, die in Bezug auf das Schnelllesen nicht stimmen. Nun werden wir einige Dinge untersuchen, die auf die Techniken des Schnelllesens zutreffen. Dies sind die verschiedenen Vorteile, die Sie durch das Schnelllesen genießen können. Es wird zwar einige Zeit dauern, bis sich diese Vorteile bemerkbar machen, aber Sie werden sie eher früher als später bemerken.

Vorteil 1: Verbessertes Gedächtnis

Auf den ersten Blick mag es so aussehen, als hätte das Gedächtnis nicht viel mit dem Lesen zu tun. Doch das ist weit gefehlt. Wenn wir lesen, greift unser Gehirn ständig auf das Arbeitsgedächtnis zurück, um die aufgenommenen Wörter zu behalten und sie richtig zu interpretieren. Sobald wir herausgefunden haben, was die einzelnen Sätze bedeuten, speichert das Gehirn die Informationen auch für die spätere Verwendung. Lesen verbessert die Fähigkeit, große Mengen an Informationen zu behalten, und beim Speed Reading wird das Gehirn durch die Geschwindigkeit, mit der die Wörter verarbeitet werden müssen, noch mehr gefordert.

Vorteil 2: Bessere Konzentration

Dieser Vorteil liegt intuitiv auf der Hand, denn beim Schnelllesen müssen Sie sich ganz auf das Lesen konzentrieren. Nur so können Sie schnell lesen, und wenn Sie Ihre Gedanken abschweifen lassen, würde das den gesamten Zweck der Schnelllesetechniken zunichtemachen. Wenn Sie sich im Schnelllesen üben, wird

Ihr Geist besser darin, sich auf das Lesen zu konzentrieren, was eine unschätzbare Fähigkeit für andere Bereiche Ihres Lebens sein wird.

Vorteil 3: Höheres Maß an Selbstvertrauen

Sehr viele Menschen fühlen sich von Büchern eingeschüchtert, vor allem von langen, ausführlichen Büchern. Wenn Sie jedoch die Techniken des Schnelllesens beherrschen, werden Sie in der Lage sein, selbst die schwierigsten Bücher mit relativer Leichtigkeit durchzuarbeiten und zu verstehen. Sie werden auch in der Lage sein, dies in einem viel schnelleren Tempo als die meisten anderen zu tun. Es ist leicht zu erkennen, wie diese Fähigkeit Selbstvertrauen schaffen kann. Sie werden die Gewissheit haben, dass Sie jedes Buch, jeden Artikel, jede Zeitung usw., die man Ihnen vorlegt, gut verstehen und Ihr Wissen auf eine Weise erweitern können, wie es den meisten anderen schwer fällt.

Vorteil 4: Verbesserte Logik

Beim Schnelllesen verarbeitet Ihr Gehirn eine große Menge an Informationen in einer kurzen Zeitspanne. Das macht es oft einfacher, logische Fehler und Dinge zu erkennen, die in dem gelesenen Material keinen Sinn ergeben. Mit etwas Übung gelingt es Ihrem Gehirn immer besser, Informationen zu sortieren, Zusammenhänge und Verbindungen zu anderen Wissensinhalten zu finden, die Sie in letzter Zeit konsumiert haben, und Ihre eigene, ganz persönliche Analyse des Materials zu entwickeln. Diese Verbesserung der Logik findet parallel zu den Verbesserungen des Gedächtnisses statt, und beides arbeitet zusammen, und hilft Ihnen, Ihr Lesematerial in einem neuen Licht zu sehen.

Fazit

- Herkömmliches Lesen kann viel zu lange dauern. In der heutigen Zeit haben wir oft nicht die Zeit, uns durch Hunderte von Buchseiten zu quälen. Um dieses Problem zu lösen, müssen wir lernen, wie wir schneller lesen können, damit es

unser tägliches Leben nicht allzu sehr aufhält. Genau darum geht es beim Speed Reading.
- Am Schnelllesen sind vor allem zwei Hirnareale beteiligt, das Broca-Areal und das Wernicke-Areal. Das Broca-Areal ist für die Sprachproduktion zuständig, während das Wernicke-Areal das Sprachverständnis steuert. Wie wir später sehen werden sind diese Areale sehr wichtig, wenn es darum geht, Subvokalisation zu reduzieren. Das bedeutet, dass die Funktion des Broca-Areals übersprungen wird und man ausschließlich mit dem Wernicke-Areal arbeitet.
- Im Internet kursieren diverse Mythen über das Schnelllesen. Der größte von ihnen besagt, dass Schnelllesen selbst ein Mythos ist und nicht dazu beiträgt, dass man schneller liest. Das ist schlichtweg falsch. Ein weiterer weit verbreiteter Mythos besagt, dass man sich das Lesen von Zehntausenden von Wörtern pro Minute antrainieren kann, was nicht möglich ist. Ein dritter Mythos besagt, dass Subvokalisation für das

richtige Verständnis von Wörtern unerlässlich ist. Dies mag zwar in einigen Fällen zutreffen, ist aber sicherlich nicht in allen Fällen richtig.
- Es gibt viele Vorteile des Schnelllesens, die Sie genießen können, wenn Sie die Techniken in diesem Buch anwenden. Dazu gehören Verbesserungen in der Logik, da Sie sich besser auf Texte einlassen, eine Verbesserung des Gedächtnisses und der Konzentration, da Sie nur dann schneller lesen können, wenn Sie sich voll und ganz auf Ihren Text konzentrieren, und ein größeres Selbstvertrauen aufgrund des Wissens, das Sie in kurzer Zeit erworben haben.

Kapitel 2. Vorablesen ist der Weg

Der Begriff „Schnelllesen" erweckt den Eindruck, dass man sich einfach nur antrainieren muss, Wörter und Sätze schneller zu lesen, um schneller durch ein Buch zu kommen. Das ist zwar ein wichtiger Teil des Schnelllesens, aber er umfasst nicht alles. Ein weiterer wichtiger Teil des Schnelllesens ist das so genannte Vorablesen. Wenn man sich vorab mit einem Buch befasst, bereitet man sich darauf vor und sammelt so viele relevante Informationen wie möglich, bevor man mit dem Lesen des Buches beginnt. Der Prozess des Vorablesens ist bei jedem Buch anders, aber es gibt einige grundlegende Strategien, die Sie einheitlich anwenden können, um erfolgreich vorab zu lesen.

In diesem Stadium fragen Sie sich vielleicht, warum wir überhaupt vorablesen müssen? Warum fangen wir nicht einfach so schnell wie möglich an? Das Vorablesen ist wichtig, weil die meisten von uns ein bestimmtes Buch mit einer bestimmten Absicht in die Hand nehmen. Wir wollen entweder etwas Neues lernen oder ein bestimmtes Thema erforschen, mit dem sich das Buch beschäftigt. Das Vorablesen hilft Ihnen, das Beste aus den Büchern herauszuholen, die Sie lesen, ohne sie von vorne bis hinten durchlesen zu müssen. Bei bestimmten Büchern, vor allem bei Sachbüchern, verfügen wir zu Beginn oft nicht über das nötige Wissen, um das Buch richtig zu verstehen. Das bedeutet, dass wir beim Lesen viel mehr Zeit damit verbringen, herauszufinden, was gesagt wird, welche Bedeutung es hat usw., als wenn wir von Anfang an über die nötigen Informationen verfügen würden.

Durch das Vorablesen erfahren Sie auch, welche Themen das betreffende Buch genau abdeckt, wie die wesentlichen Argumente des Autors lauten und wie viel Zeit und Aufmerksamkeit Sie für die Lektüre der relevanten Teile des Buches benötigen werden. Diese Informationen erhalten Sie, indem Sie einfach bestimmte Teile des Buches durchgehen, z. B. das Vorwort, die Einleitung, die Kapitelzusammenfassungen und verschiedene Überschriften innerhalb der Kapitel. Dies ist nur eine der vielen Möglichkeiten, wie Sie erfolgreich vorablesen können, und in diesem Kapitel werden wir einige der effektivsten Tipps und Tricks besprechen, die Sie anwenden können.

Textvorschau

Die Lektüre eines Textes in der Vorschau ist wahrscheinlich die einfachste Form des Vorablesens. Auf der einfachsten Ebene geht es nur darum, sich mit dem Thema des Buches vertraut zu machen. So ist zum Beispiel bei einem Titel wie *„Freakonomics: Überraschende Antworten auf alltägliche Lebensfragen"*, dass dieses Buch mit Wirtschaft zu tun hat. Wenn der Titel es nicht sofort erkennen lässt, genügt es wahrscheinlich, die Zusammenfassung oder das Inhaltsverzeichnis des Textes zu lesen. Dies ist zwar eine einfache Möglichkeit, einen Text vorab zu lesen, aber es gibt auch umfassendere Möglichkeiten, den Text besser kennenzulernen, wie weiter unten beschrieben.

Die KBG-Methode

Die KBG-Methode der Textvorschau versucht, Ihr Wissen, Ihre Vorurteile und Ihre Ziele in Bezug auf einen bestimmten Text zu klären (KBG steht für die englischen Begriffe knowledge, biases, goals). Bei dieser Methode gibt es drei Hauptschritte, die zu beachten sind.

Schritt eins

Als Erstes müssen Sie etwas tun, das der oben beschriebenen Strategie des Vorablesens sehr ähnlich ist. Machen Sie sich mit dem übergeordneten Thema des Buches vertraut, indem Sie entweder den Titel, die Zusammenfassung oder das

Inhaltsverzeichnis lesen, je nachdem, was am meisten Licht auf dieses Thema wirft. Als Nächstes sollten Sie die Seiten durchblättern und sich einen Überblick darüber verschaffen, worauf sich die fettgedruckten Überschriften im Buch beziehen.

Manche Texte haben alle paar Seiten eine Überschrift, so dass es aus Zeitgründen nicht möglich ist, sie alle durchzugehen. Vergewissern Sie sich aber zumindest, dass Sie in jedem Kapitel genügend Überschriften gelesen haben, um das Wesentliche in diesen Teilen des Buches zu erfassen. Schließlich sollten Sie auch einen Blick auf alle grafischen Hilfsmittel und die dazugehörigen Bildunterschriften werfen, die im Buch enthalten sind. Dies dient demselben Zweck wie das Durchblättern der Überschriften.

Zweiter Schritt

Im *zweiten* Teil dieser Methode gehen wir ein wenig tiefer und bauen auf dem Wissen auf, das wir durch unsere erste Vorschau auf den Text erworben haben. Durch das Lesen des Titels und der Zwischenüberschriften haben wir eine oberflächliche Vorstellung davon bekommen, worum es in dem Buch geht. Jetzt werden wir versuchen zu erfassen, wie das Buch die wichtigsten Themen behandelt, die dafür relevant sind.

Der erste Schritt besteht darin, die Einleitung zu lesen. Je nach Art des Buches, das Sie lesen, fasst die Einleitung in der Regel die verschiedenen Themen, Ideen und Argumente eines Buches auf 10 bis 20 Seiten sehr gut zusammen. Dies ist der wichtigste Teil des zweiten Schritts, denn in der Einleitung finden Sie wahrscheinlich die meisten nützlichen Informationen, die Sie brauchen werden. Sollten Sie nur wenig Zeit haben, ist es ratsam, dies zu tun und die anderen Teile dieses Schritts auszulassen.

Wenn Sie mit der Einleitung fertig sind und noch etwas Zeit haben, sollten Sie sich wieder den Zwischenüberschriften zuwenden. Diesmal sollten Sie jedoch die erste Zeile nach jeder Überschrift lesen. Die erste Zeile verrät in der Regel genug über die Zwischenüberschriften, um Ihnen eine gute Vorstellung davon zu geben, was in diesem Abschnitt behandelt wird.

Als nächstes sollten Sie die Zusammenfassung am Ende des Buches lesen. Die Zusammenfassung fasst die wichtigsten Themen und Argumente, die im Buch behandelt wurden, kurz und bündig zusammen, so dass Ihnen alles viel vertrauter erscheint, wenn Sie sich hinsetzen, um das Buch zu lesen. Wenn Ihr Text am Ende eines jeden Kapitels eine Liste mit Lernfragen oder Themen enthält, können Sie auch diese durchgehen. Sie stehen unweigerlich mit dem Hauptinhalt des jeweiligen Kapitels in Verbindung und machen Sie noch vertrauter mit dem Stoff.

Dritter Schritt

Damit ist der zweite Schritt abgeschlossen und wir kommen nun endlich zum KBG-Teil der KBG-Methode. Wie bereits erwähnt, steht K für (Vor-)Wissen (knowledge), B für Vorurteile (biases) und G für Ziele (goals), und in diesem letzten Schritt geht es darum, diese in Bezug auf den Text, den Sie gerade lesen, zu untersuchen. Eine gute Methode für diesen Schritt ist es, eine grobe Tabelle mit drei Spalten zu erstellen. In der ersten Spalte steht lediglich, wofür die einzelnen Initialen stehen. Die zweite Spalte enthält eine Frage, die sich auf jeden dieser drei Aspekte bezieht. Die erste Zeile in dieser Spalte sollte also die Frage enthalten: „Was weiß ich bereits über das Thema dieses Textes?" Die zweite Zeile sollte die Frage enthalten: „Welche Vorurteile habe ich zu diesem Thema?"

In der dritten Zeile schließlich sollte die Frage stehen: „Was will ich beim Lesen dieses Textes lernen?" Die dritte Spalte muss die Antworten auf diese Fragen enthalten. Beziehen Sie sich während des Lesens immer wieder auf diese Tabelle, um sich an den Grund zu erinnern, warum Sie diesen Text in die Hand genommen haben, und um möglichst viel daraus zu lernen.

Schauen wir uns diesen Schritt anhand eines Beispiels an, und zwar anhand des

Buches *Freakonomics*, wie wir es bereits getan haben. Aus der früheren Vorschau wissen Sie nun, dass das Buch mit Wirtschaft zu tun hat, und nachdem Sie die ersten beiden Schritte der KBG-Methode durchlaufen haben, haben Sie sich mit dem Inhalt des Buches vertraut gemacht. Nun müssen Sie die drei Fragen in der Tabelle beantworten.

Die erste Frage lautet: „Was weiß ich bereits über das Thema dieses Textes?" Vielleicht sind Sie mit dem Gesetz von Angebot und Nachfrage vertraut, das besagt, dass die Nachfrage nach einem Gut steigt, wenn das Angebot sinkt und umgekehrt. Vielleicht kennen Sie auch das Konzept des Nutzens in den Wirtschaftswissenschaften, d. h. die Zufriedenheitseinheiten, die eine Person aus dem Konsum eines bestimmten Gutes zieht, sowie verwandte Konzepte wie den abnehmenden Grenznutzen. Notieren Sie sich all diese Begriffe in dem Kasten. Wenn sie im Text auftauchen, können Sie weniger Zeit auf diese Themen verwenden, da Sie bereits mit ihnen vertraut sind, und eine erneute Lektüre bringt wahrscheinlich nur minimalen Nutzen.

Jetzt müssen Sie Ihre Vorurteile in Bezug auf Wirtschaft oder „Pop-Ökonomie", für die Bücher wie *Freakonomics* bekannt sind, überdenken. Es ist möglich, dass Sie glauben, dass solche Bücher versuchen, oberflächliche Analysen als etwas Tiefgründiges darzustellen, oder dass sie Fakten verdrehen, um den Inhalt interessanter erscheinen zu lassen, als er tatsächlich ist. Oder Sie sind der Meinung, dass die Betrachtung von Themen aus einer wirtschaftlichen Perspektive nur eine von vielen Möglichkeiten ist, etwas zu analysieren, und dass sie für sich genommen wahrscheinlich nicht der Wahrheit entspricht. All dies sind potenzielle Vorurteile, die dazu führen, dass Sie weniger aus einem Buch wie *Freakonomics* lernen können, und es ist hilfreich, sich dieser Überzeugungen beim Lesen des Buches bewusst zu sein.

Schließlich müssen Sie Ihre Ziele oder den gewünschten Lernerfolg mit diesem Text abschätzen. Vielleicht möchten Sie mehr über wirtschaftliche Grundsätze erfahren, und zwar auf eine Art und Weise, die Spaß macht, zugänglich ist und dennoch genug Tiefgang bietet, um Ihnen in Ihrem Alltag oder im Studium zu helfen. Oder Sie sind neugierig darauf, wie man Probleme aus einer ökonomischen und nicht aus einer psychologischen, soziologischen oder politischen Perspektive analysieren kann. Vielleicht haben Sie noch nie Statistiken und wirtschaftliche Grundsätze oder Konzepte richtig angewendet, um zu untersuchen, warum Eltern ihre Kinder zu spät von der Kita abholen.

Zusammenfassend lässt sich sagen, dass die KBG-Methode ein hervorragendes Mittel ist, um den Lernerfolg aus einem bestimmten Text zu maximieren, da sie Sie zwingt, die Dinge, die Sie bereits wissen, die Vorurteile, die das Wissen blockieren, und Ihre spezifischen Ziele in Bezug auf das Buch festzulegen, so dass Sie sich bei der Lektüre Ihres Textes ausschließlich auf diese konzentrieren können. Wenn Sie die Einleitung, die Zwischenüberschriften, den

Schluss usw. durchgehen, machen Sie sich außerdem mit dem Inhalt des Buches vertraut, so dass Ihnen die Dinge beim Lesen des Textes viel weniger komplex erscheinen. Auf diese Weise können Sie Ihr Lesetempo erheblich steigern und gleichzeitig sicherstellen, dass Sie so viel wie möglich lernen.

Die 4-Ps-Methode

Wie Sie in diesem Kapitel sehen werden, ist die KBG-Methode nur eine von drei guten Möglichkeiten, einen Text in der Vorschau anzuzeigen. Die Methode, die wir in diesem Abschnitt besprechen werden, nennt sich die 4-P-Methode. Wie Sie vielleicht schon erraten haben, ist die Textvorschau *(preview)* eines der vier P's, zusammen mit dem *Zweck (purpose)*, dem *Vorwissen (prior knowledge)* und der *Vorhersage (predict)*. Schauen wir uns nun an, was jedes dieser P's beinhaltet, eins nach dem anderen.

Das erste der vier Ps ist der Zweck *(purpose)*. Dies bezieht sich auf die Gründe, warum Sie den von Ihnen ausgewählten Text lesen und was Sie damit erreichen wollen. Ihre Absicht wirkt sich auf die Art der Lesestrategien aus, die Sie anwenden, und darauf, wie sorgfältig Sie den Text lesen. Wenn Sie zum Beispiel ein belletristisches Buch lesen, können Sie es sich leisten, schneller und mit etwas geringerer Konzentration zu lesen, da es nicht so viele technische Informationen gibt wie in Sachbüchern.

Bei dem Versuch, Ihr Ziel zu bestimmen, können Sie sich einige Fragen stellen, die Ihnen helfen. Fragen Sie sich, ob Sie eine Diskussion über allgemeine Ideen und Themen wie die Armut in einem Dickens-Roman oder spezifische Details über, sagen wir, die Wirtschaft in einem Buch wie *Freakonomics* suchen. Eine weitere Frage, die Sie sich stellen sollten, ist, ob Sie den Text für eine Aufgabe im Unterricht verwenden werden, ob er mit anderen Personen, z. B. in einer Lesegruppe, diskutiert werden soll oder ob er Teil des Lehrplans für eine Prüfung ist. Dies wird Ihnen helfen, den Text in einer angemessenen Weise zu lesen, so dass Sie Ihren Zweck leichter erfüllen können.

Und schließlich sollten Sie sich fragen, wie dieser Text in den größeren Rahmen Ihrer Ziele und Anliegen passt. Wenn Sie versuchen, sich mit der Wirtschaft vertraut zu machen, wie hilft Ihnen *Freakonomics* dabei? Inwiefern hilft es Ihnen *nicht*? Fragen wie diese schärfen Ihren Blick für das Wichtigste, das Sie aus dem Buch herauslesen wollen, und machen das Lesen des Textes einfacher und schneller.

Das zweite P ist die Vorschau *(preview)*. Wir haben dies bereits recht ausführlich besprochen, aber einige der wichtigsten Punkte, die Sie durchgehen sollten, sind der Titel, der erste und der letzte Absatz des Textes (bei kürzeren Werken), alle Überschriften und Zwischenüberschriften sowie die Einleitung. All dies sollte mehr als genug sein, um Ihnen eine Vorstellung davon zu vermitteln, worum es in dem Text geht, was die Hauptargumente und -themen sind, usw.

Das dritte P in dieser Methode ist das Vorwissen *(prior knowledge)*. Genau wie bei der Erörterung des K in der KBG-Methode geht es bei der Bewertung des Vorwissens einfach darum, herauszufinden, was Sie bereits über das Hauptthema Ihres Textes wissen. Wenn Sie „Sapiens" von Yuval Noah Harari lesen, fragen Sie sich, wie viel Sie über Geschichte wissen, vor allem über alte Geschichte. Wenn Sie herausgefunden haben, was Sie bereits wissen, können Sie weniger Zeit auf diese Aspekte verwenden und sich stattdessen mehr auf das konzentrieren, was Sie noch lernen möchten.

Das letzte der vier P's ist die Vorhersage *(predict)*. Wenn Sie mit den ersten drei Ps fertig sind, versuchen Sie, so genau wie möglich vorherzusagen, was der Autor über die verschiedenen Themen und Unterthemen, auf die Sie gestoßen sind, sagen wird. Das steigert Ihr Interesse am Text, und mit der Zeit werden Sie immer besser in der Lage sein, den Schwerpunkt des Autors vorherzusagen. Wenn Sie genau vorhersagen können, was ein Autor sagen wird, ist das besonders befriedigend, und es trägt zu der Motivation bei, die wir hier aufbauen wollen.

Lassen Sie uns die Funktionsweise der Vier-Ps-Methode anhand eines Beispiels erläutern. Nehmen wir dasselbe Beispiel, das wir für die KBG-Methode verwendet haben - das Buch *Freakonomics*. Das erste P ist das Ziel, und wir haben es bereits kurz behandelt. Ziele, die Sie vielleicht verfolgen, sind, mehr über Wirtschaft zu lernen oder darüber, wie verschiedene Anreize in unsere Entscheidungen einfließen, und wie man eine wirtschaftliche Analyse im Allgemeinen durchführt.

Das zweite P ist die Vorschau. Dieser Teil ist ziemlich einfach, da Sie nur die oben genannten Teile des Buches durchgehen müssen, um eine bessere Vorstellung von den Themen zu bekommen, die das Buch behandelt.

Das dritte P ist das Vorwissen. Machen Sie eine Liste mit allem, was Sie bereits über Wirtschaft und Wirtschaftsanalyse wissen, damit Sie weniger Zeit darauf verwenden und sich stattdessen auf das, was Sie nicht wissen sowie auf Ihre Lernziele konzentrieren können.

Das vierte P schließlich ist die Vorhersage. Inzwischen wissen Sie wahrscheinlich, dass sich das Buch auf die Rolle von Anreizen in unserem Leben konzentriert. Daraus lässt sich ableiten, dass der Autor Anreize mit der Entscheidungsfindung in Verbindung bringen und darüber sprechen wird, wie wir bei Entscheidungen implizit das Für und Wider abwägen und versuchen, die Ergebnisse entsprechend zu beeinflussen. Dies ist ein Beispiel dafür, wie man Dinge vorhersagen kann. Je mehr Themen ein Buch behandelt, desto mehr Möglichkeiten gibt es für Vorhersagen.

Wie Sie sehen können, enthält die 4-Ps-Methode viel von dem, was wir in der KBG-Methode besprochen haben. Zwei der wichtigsten Faktoren, die bei der Wahl einer Methode eine Rolle spielen, sind die verfügbare Zeit und die Länge des Textes, den Sie lesen. Die KBG-Methode eignet sich eher für längere Texte wie Bücher, während die 4-Ps-Methode eher für kürzere Texte wie Artikel, Novellen und dergleichen geeignet ist.

Was den Zeitaufwand betrifft, so ist die KBG-Methode eindeutig zeitaufwändiger als die 4-Ps-Methode, aber sie führt auch zu besseren Lernergebnissen, weil die Vorschau bei der KBG-Methode gründlicher ist. Sie können die 4-Ps-Methode auch für einen längeren Text verwenden, wenn Sie besonders wenig Zeit haben, aber bedenken Sie den Kompromiss, den Sie eingehen werden.

Der THIEVES-Rahmen

Die dritte und letzte Vorschaumethode, die wir besprechen werden, heißt THIEVES-Methode. Die Initialen stehen für:

Titel – **T**itles
Rubriken - **H**eadings
Einführung - **I**ntroduction

Jeder erste Satz - **E**very first sentence
Bildmaterial - **V**isuals
Fragen am Ende des Kapitels - **E**nd of chapter questions
Zusammenfassung/Schlussfolgerung - **S**ummary/conclusion

Im vorherigen Abschnitt haben wir festgestellt, dass die 4-Ps-Methode eine kürzere Version der KBG-Methode ist. Die THIEVES-Methode ist eine noch kürzere Version von beiden und soll in nur fünf Minuten zu bewerkstelligen sein. Die beiden Dinge, für die Sie am meisten Zeit benötigen, sind natürlich die Einleitung und die Zusammenfassung bzw. der Schluss. Bei dieser Methode brauchen Sie beides nur oberflächlich zu überfliegen, denn es geht nur darum, sich mit den allgemeinen Themen und Inhalten Ihres Textes vertraut zu machen.

Lassen Sie uns dies anhand von *Freakonomics* nachvollziehen. Lesen Sie zunächst den vollständigen Titel des Buches, nämlich *„Freakonomics:*

Überraschende Antworten auf alltägliche Lebensfragen". Dann geht man zu den verschiedenen Rubriken des Buches über, von denen es in diesem Buch allerdings nicht allzu viele gibt. Sie können also einfach die Kapitelüberschriften lesen. Als nächstes kommt die Einleitung, die etwa 13 Seiten lang ist. Überfliegen Sie sie schnell in höchstens einer Minute. Danach lesen Sie den ersten Satz jedes Kapitels, da das Buch nur sehr wenige Überschriften hat.

Das Buch enthält nicht allzu viele Abbildungen, so dass Sie diesen Teil der Methode ebenso wie die Fragen am Ende der Kapitel überspringen können. Schließlich enthält das Buch keine Zusammenfassungen, aber die letzten Absätze jedes Kapitels sind gut geeignet, um den Inhalt des Kapitels zu beleuchten. Überfliegen Sie diese und schon sind Sie fertig mit der THIEVES-Methode der Textvorschau.

Hauptgedanken und Schlüsselwörter

Wie Sie sicher schon aus unserer Diskussion über die Vorschau erkennen konnten, geht es hier vor allem darum, sich mit den übergreifenden Themen und Ideen vertraut zu machen, die in dem Buch behandelt werden. Wir haben drei Rahmen behandelt, die Ihnen helfen werden, dieses Ziel mit jedem Text, den Sie lesen, zu erreichen. In diesem Abschnitt gehen wir auf einige weitere Tipps ein, die Sie nicht nur bei der Textvorschau, sondern auch bei der Lektüre selbst anwenden können.

Das erste wichtige Thema dieses Abschnitts ist das Überfliegen der Hauptgedanken. Wenn Sie die oben hervorgehobenen Abschnitte des Textes durchgehen, z. B. die Überschriften, die Einleitung und den Schluss, die ersten Zeilen jeder Überschrift usw., sollten Sie auf bestimmte Schlüsselwörter achten. Dazu gehören u. a. *Ursachen, Wirkungen, Ergebnisse, Vergleiche, Pro und Kontra*.

Diese Wörter sind deshalb so wichtig, weil sie im Allgemeinen die wichtigsten Teile des Inhalts eines Textes kennzeichnen. Die ersten drei Wörter weisen auf einen korrelativen oder kausalen Zusammenhang zwischen zwei oder mehreren Dingen hin, während die letzten beiden Wörter einen Kontrast zwischen verschiedenen Argumenten oder Faktoren hervorheben, die ein bestimmtes Ergebnis oder Ereignis beeinflussen. Wenn Sie häufiger nach diesen Wörtern Ausschau halten, werden sich Ihre Augen automatisch daran gewöhnen, sie in Texten zu erkennen, und Sie werden schneller als bisher zu den relevanten Stellen springen können.

Ein ähnliches Konzept ist das der Schlüsselwörter. Wenn Sie trainieren, diese zu erkennen, können Sie leicht erkennen, was der Autor als Nächstes sagen wird, so dass Sie schneller arbeiten und Ihre Lesegeschwindigkeit insgesamt erhöhen können. Es gibt viele verschiedene Arten von Schlüsselwörtern, die im Folgenden aufgelistet sind.

Additive Wörter: Auch, weiterhin, außerdem, und, darüber hinaus, zudem, überdies, darüber hinaus, zusätzlich. Sie deuten darauf hin, dass etwas erwähnt wird, das in engem Zusammenhang mit dem bereits Gesagten steht.

Äquivalente Wörter: Sowohl als auch, gleichzeitig, ähnlich, gleich wichtig, ebenfalls. Sie zeigen an, dass ein Vergleich zwischen zwei ähnlichen Dingen gezogen wird

Verstärkungswörter: Zum Beispiel (z.B.), speziell, wie, beispielsweise, genauso wie, wie etwa. Sie werden verwendet, um das Gesagte durch Beispiele zu ergänzen.

Alternative Wörter: Entweder/oder, anders als, weder/noch, sonst. Sie stellen eine Dichotomie zwischen zwei ungleichen Dingen dar.

Sich wiederholende Wörter: Nochmals, mit anderen Worten, zu wiederholen, das heißt (d.h.). Sie wiederholen das Gesagte zur Betonung.

Wörter kontrastieren und ändern: Aber, im Gegenteil, noch, umgekehrt, andererseits, obwohl, trotz, statt, doch, jedoch, eher als, ungeachtet, doch, obwohl, obgleich, während, und trotzdem, abgesehen von. Ähnlich wie alternative Wörter.

Wörter mit Ursache und Wirkung: Dementsprechend, da, dann, weil, so, also, folglich, daher, deshalb, aus diesem Grund. Sie bezeichnen die Korrelation oder Kausalität zwischen Elementen.

Qualifizierende Wörter: Wenn, obwohl, falls, sofern, wann. Sie fügen dem Gesagten eine Bedingung oder einen Vorbehalt hinzu.

Zugeständnis Worte: Gemäß den Daten, zugegeben, natürlich. Sie drücken die Zustimmung zu etwas aus, das erwähnt wurde.

Hervorhebende Worte: Vor allem, im Wesentlichen, ja. Sie sollen Ihre Aufmerksamkeit auf etwas lenken.

Wörter ordnen: Schließlich, weiterhin, dann, erstens, zweitens, zuletzt. Sie sollen dem Text Struktur verleihen.

Zeitwörter: Nachher, inzwischen, jetzt, vorher, anschließend, nun, früher, zuletzt, damals, später. Ähnlich wie Ordnungswörter kennzeichnen sie den Fluss eines Textes.

Zusammenfassende Worte: Aus diesen Gründen, in Kürze, abschließend, zusammenfassend. Sie fassen das Gesagte zusammen.

Auch wenn Ihnen diese Liste lang vorkommt, werden Sie sich mit der Zeit daran gewöhnen, wenn Sie bewusst diese wichtigen Wörter beim Lesen suchen. Es könnte hilfreich sein, eine Liste mit diesen Wörtern zur Hand zu haben, wenn Sie sich zum Lesen hinsetzen, denn auf lange Sicht wird die Fähigkeit, diese Wörter zu erkennen, Ihre Lesegeschwindigkeit erheblich steigern.

Die 4 Stufen von Mortimer Adler

Wie nehmen Sie die Informationen auf, die Sie brauchen, und wie lesen Sie wirklich, um Ihr Wissen effektiv zu erweitern?

Die *vier Ebenen des Lesens* wurden von dem Philosophen Mortimer Adler in seinem Buch *Wie man ein Buch liest* entwickelt. Adler erklärt, dass Lesen kein einheitlicher, universell konsistenter Akt ist. Er unterteilt den Akt des Lesens in vier einzelne Stufen, die sich in Zweck, Anstrengung und Zeitaufwand unterscheiden. Außerdem gelten die verschiedenen Stufen für unterschiedliche Arten des Lesens - manche Bücher können für alle Stufen geeignet sein, während sich andere nur für eine oder zwei eignen. Vor allem auf den beiden höheren Niveaustufen wird die genaue Einhaltung dieser Lesestufen Ihr Wissen über das Thema erheblich verbessern.

Die vier Ebenen des Lesens von Adler, von der einfachsten bis zur komplexesten, sind:

- Elementar
- Inspektion
- Analytisch
- Syntopisch

Elementar. Diese Stufe haben Sie bereits überschritten. Hier geht es im Wesentlichen darum, lesen zu lernen. Es ist die Art von Lesen, die in der Grundschule gelehrt wird. Man lernt, wie die Buchstaben heißen, wie die Wörter ausgesprochen werden und was sie objektiv bedeuten. Man weiß, dass der Satz „Die Katze liegt auf dem Bett" bedeutet, dass eine Katze auf dem Bett liegt, und *nicht,* dass ein Hund auf der Couch liegt. Unglaublich, oder?

Die Grundstufe gilt auch für einen Erwachsenen, der eine neue Sprache lernt und sich mit neuen Buchstaben, Vokabeln und der Aussprache vertraut machen muss. Gleiches gilt auch für einen Studenten, der zum ersten Mal ein technisches Lehrbuch liest und eine neue Syntax oder einen speziellen Jargon lernen muss. Jedes Mal, wenn man eine neue Sprache, einen neuen Dialekt oder irgendetwas Neues kennenlernt, handelt es sich um elementares Lesen.

Inspektion. Die nächsthöhere Stufe für Leser ist das Verstehen der Essenz eines bestimmten Buches, aber nicht das Verdauen des gesamten Inhalts. Diese Phase wird als Inspektionsphase bezeichnet und von eifrigen Lesern manchmal vernachlässigt oder abgewertet. Für die Entwicklung von Fachwissen ist diese Phase jedoch ein sehr wertvoller Prozess.

Die Inspektionsphase hat eigentlich zwei eigene Mini-Phasen:

- *Systematisches Überfliegen.* Das ist das beiläufige Überfliegen bestimmter Elemente eines Buches abseits des Textes: Überfliegen des Inhaltsverzeichnisses und des Registers oder Lesen des Vorworts oder des Klappentextes auf der hinteren Umschlagseite. Wenn Sie ein E-Book inspizieren, könnte das auch bedeuten, dass Sie die Online-Beschreibung und die Kundenrezensionen lesen. Durch systematisches Überfliegen erhalten Sie genügend Informationen, um zu wissen, worum es sich bei dem Buch handelt und wie Sie es einordnen würden: „Es ist ein Roman über den Zweiten Weltkrieg" oder „ein Buch, in dem die französische Küche erklärt wird". Das war's.

- *Oberflächliches Lesen.* In dieser Phase liest man das Buch tatsächlich, aber auf eine sehr beiläufige Art und Weise. Sie beginnen am Anfang und nehmen das Material auf, ohne es zu verinnerlichen oder zu viel darüber nachzudenken. Sie machen keine Notizen. Sie schlagen keine unbekannten Ausdrücke oder Konzepte nach - wenn Sie eine Passage nicht verstehen, fahren Sie einfach mit dem nächsten Teil fort. Beim oberflächlichen Lesen bekommen Sie ein Gefühl für den Ton, den Rhythmus und die allgemeine Richtung des Buches, anstatt jedes einzelne Element der Erzählung in sich aufzunehmen.

Inspektionslesen ist so etwas wie eine Aufklärungsmission oder eine Umfrage. Man bekommt nur ein Gefühl dafür, worum es in dem Buch geht und wie das Leseerlebnis ist. Sie werden vielleicht ein paar sehr allgemeine Ideen in dem Buch aufgreifen, aber Sie werden nicht sehr tief eintauchen. Sie werden nur herausfinden, was auf Sie zukommen könnte, und dann entscheiden, ob Sie genug Interesse haben, um in die Tiefe zu gehen.

Nehmen wir zum Beispiel an, Sie sehen sich ein Buch über klassische Musik an. Beim systematischen Überfliegen würden Sie den Titel und den Untertitel sehen. Sie würden die Rückseite lesen, auf der steht, dass es sich um „eine gründliche, aber leicht respektlose Studie über klassische Komponisten" handelt. Sie würden das Inhaltsverzeichnis lesen - es gibt Kapitel mit den Titeln „Wagner in Frauenkleidern", „Mozarts Katzenimitationen" und „Beethovens Liebe zu Ratten". An diesem Punkt haben Sie wahrscheinlich festgestellt, dass es sich *nicht* um ein besonders ernsthaftes Werk handelt, das Ihr Fachwissen erweitern wird, auch wenn es unterhaltsam sein mag.

Warum sollte ein angehender Experte diese Phase durchlaufen und nicht einfach zur nächsten Stufe übergehen? Auch wenn es sich nicht um einen tiefen Einblick handelt, erhalten Sie viele Antworten. Sie erhalten einen Eindruck von der Herangehensweise des Autors: Ist er ernsthaft, komisch oder satirisch? Beruht er auf Berichten aus dem wirklichen Leben oder auf erfundenen Situationen? Wird viel mit Statistiken gearbeitet? Wird viel aus externen Quellen zitiert? Gibt es Bilder?

Wenn Sie ein gutes Gespür für die Antworten auf diese Fragen haben, können Sie den Inhalt einordnen und Ihre Erwartungen definieren, was - wenn Sie sich für das Buch entschieden haben - die nächste Stufe der Lektüre produktiver macht.

Analytisch. Die dritte Stufe des Lesens ist die tiefste Stufe des Konsums eines einzelnen Buches oder Werkes - es ist die vollständige Verinnerlichung und *Interaktion* mit dem vorliegenden Material. Die Herausforderung des analytischen Lesens ist einfach: „Wenn die Zeit kein Problem wäre, wie gründlich würden Sie dieses Buch lesen?"

Analytisches Lesen bedeutet, dass man das Buch aus den Händen des Autors nimmt und es sich zu eigen macht. Man liest den

Text nicht einfach nur, sondern hebt Schlüsselstellen hervor oder unterstreicht sie, gibt Kommentare ab oder stellt Fragen. In gewisser Weise können Sie die Marginalien nutzen, um ein Zwiegespräch mit dem Autor zu simulieren.

Ziel des analytischen Lesens ist es, den Stoff so gut zu verstehen, dass Sie ihn ohne großen Aufwand jemand anderem erklären können. Sie sind in der Lage, das Thema sehr prägnant zu beschreiben. Sie sind in der Lage, die einzelnen Teile aufzulisten und zu erklären, wie sie miteinander zusammenhängen. Sie sind in der Lage, die Themen zu verstehen und zu spezifizieren, mit denen sich der Autor beschäftigt und was er damit bezweckt.

Wenn Sie z. B. Stephen Hawkings *Eine kurze Geschichte der Zeit* lesen, könnten Sie im ersten Teil Schlüsselbegriffe aus der Geschichte der Physik hervorheben: z. B. die Urknalltheorie, schwarze Löcher und Zeitreisen. Sie könnten die Namen von Kopernikus und Galilei mit einem Sternchen versehen und sich vornehmen, sie genauer zu recherchieren. Sie könnten Hawkings Erklärung des sich ausdehnenden Universums in Frage stellen, indem Sie am Rande etwas dazu schreiben.

Analytisches Lesen ist harte Arbeit. Aber auf dieser Ebene ist der Nervenkitzel, neue Erkenntnisse zu gewinnen, am tiefgreifendsten und lohnendsten. Diese Art der Interaktion mit dem Lesen macht das Lernen proaktiv - anstatt nur zuzuhören, was jemand erzählt, ist es eher so, als ob man die Informationen selbst herauszieht. Wenn Sie das tun, aktivieren Sie mehr von Ihrem Verstand, und das bedeutet, dass Sie sich viel eher an das Gelernte *erinnern* werden. Das ist ein viel leichterer Weg zum Fachwissen.

Syntopisch. Auf der letzten Stufe des Lesens arbeiten Sie mit mehreren Büchern oder Materialien, die dasselbe Thema behandeln. Man könnte das syntopische Lesen als „Vergleichen/Kontrastieren" bezeichnen, aber eigentlich geht es viel tiefer als das. (Und das syntopische Lesen ist nicht zu verwechseln mit dem ähnlich geschriebenen *synoptischen* Lesen, das so ziemlich das genaue Gegenteil ist).

In diesem Stadium versuchen Sie, die gesamte Bandbreite des Themas zu verstehen, das Sie studieren, und nicht nur einen einzigen Band darüber. Kommt Ihnen das bekannt vor? Sie analysieren die Unterschiede in den Ideen, der Syntax und den Argumenten, die in den Büchern präsentiert werden, und vergleichen sie. Sie sind in der Lage, eventuelle Wissenslücken zu erkennen und zu schließen. Sie unterhalten sich mit mehreren Partnern und formulieren und ordnen die dringendsten Fragen, die Sie beantworten müssen. Sie identifizieren alle Probleme und Aspekte der Themen, die in den Büchern behandelt werden, und schlagen Formulierungen und Vokabeln nach, die Sie nicht verstehen.

Syntopisches Lesen ist eine relativ umfangreiche Aufgabe, fast wie ein Semester langes Selbststudium. Betrachten Sie es als eine aktive Anstrengung, etwas, das man normalerweise nicht mit der entspannenden Lektüre eines Romans in Verbindung bringt.

Es ist wie in einer Fernsehsendung oder einem Film, in dem jemand versucht, ein vielschichtiges kriminelles Unternehmen zu entwirren. Irgendwann im Film wird eine riesige Pinnwand in der Polizeistation gezeigt, auf der Zeichnungen, Post-its und Bilder von Personen zu sehen sind, mit Fadenstücken, die zeigen, wie sie alle miteinander verbunden sind. Wenn neue Informationen aus verschiedenen Quellen auftauchen, werden sie alle an diese Tafel geheftet. So ist das mit dem syntopischen Lesen: Es ist ein gebündeltes Vorgehen, um Antworten zu finden und das eigene Wissen zu erweitern, ohne dass man sich mit dem Mob auseinandersetzen muss. Sie können sich auf gesetzmäßigere Themen wie Occams Rasiermesser, absurdes Theater oder die Börse konzentrieren.

Diese vier Stufen dienen als zusammenhängende Schritte, die Ihnen ein Thema schrittweise näherbringen, es relevanter machen und Sie schließlich völlig vertraut werden lassen.

In der elementaren Stufe - nun ja, da lernt man lesen. Das braucht man eigentlich für alles.

In der Inspektionsphase verschaffen Sie sich einen Überblick über den Rahmen und die Struktur und prüfen Ihr Interesse. Sie bereiten sich für den Fall vor, dass Sie sich für die Analysephase entscheiden, indem Sie abschätzen, was Sie auf einer tieferen Ebene erwartet.

In der analytischen Phase bemühen Sie sich intensiv darum, das Thema aus möglichst vielen Blickwinkeln zu verstehen. Sie nehmen das Buch in sich auf, stellen es in Frage und machen sich weiter neugierig auf das Thema, das darin behandelt wird, um mehr zu erfahren.

In der syntopischen Phase sind Sie gewissermaßen „aufgestiegen" von einer einzigen oder begrenzten Perspektive des Themas zu einer ganzheitlichen Betrachtung all seiner Elemente. Hier schichten Sie die Ebenen Ihres Fachwissens an mehreren Stellen auf - etwas, das Sie bei einer typischen Gelegenheits- oder Freizeitlektüre nicht einmal begreifen können.

Versuchen Sie den SQ3R

Bei dieser letzten Methode des Vorablesens geht es darum, wie man mit einer Reihe von Informationen vor und nach dem Lesen umgeht.

Die Technik wird SQ3R-Methode genannt, benannt nach ihren fünf Komponenten:

- Survey (Überblick gewinnen)
- Question (Fragen)
- Read (Lesen)
- (Recite) Wiedergeben
- (Review) Rückblick

Überblick gewinnen. Der erste Schritt bei dieser Methode besteht darin, sich einen allgemeinen Überblick über das, was Sie lesen werden, zu verschaffen. Lehr- und Sachbücher sind nicht wie Belletristik oder erzählende Literatur, bei denen man einfach am Anfang anfängt und sich durch jedes Kapitel durcharbeitet. Die besten Sachbücher sind so aufgebaut, dass sie

Informationen klar und einprägsam vermitteln und auf den vorangegangenen Kapiteln aufbauen. Wenn Sie sich in das Buch stürzen, ohne sich vorher einen Überblick zu verschaffen, gehen Sie blind hinein, ohne zu wissen, wohin Sie gehen und was Sie erreichen wollen. Sie sollten sich zunächst einen Überblick verschaffen, *bevor* Sie sich in Kapitel 1 vertiefen. Die Überblickskomponente ermöglicht Ihnen eine allgemeine Einführung in das Thema, so dass Sie die Ziele, die Sie mit der Lektüre des Buches erreichen wollen, festlegen und gestalten können.

Das ist so, als ob man sich die gesamte Landkarte ansieht, bevor man zu einer Reise aufbricht. Vielleicht brauchen Sie im Moment nicht das ganze Wissen, aber wenn Sie das große Ganze verstehen und wissen, wie es zusammenpasst, hilft Ihnen das bei den kleinen Details und wenn Sie nicht mehr weiter wissen. Sie werden wissen, dass Sie grob in Richtung Südwesten fahren müssen, wenn Sie verwirrt sind.

Bei der SQ3R-Methode bedeutet Überblick gewinnen, dass man die Struktur des Werks untersucht: den Buchtitel, die Einleitung oder das Vorwort, die Abschnittsüberschriften, die Kapiteltitel, die Überschriften und die Zwischenüberschriften. Wenn das Buch mit Bildern oder Grafiken illustriert ist, sollten Sie diese überprüfen. Sie könnten auch die Konventionen notieren, die im Buch verwendet werden, um Ihre Lektüre zu leiten: Schriftarten, fett oder kursiv gedruckter Text, Kapitelziele und Studienfragen, falls vorhanden. Mit dem Schritt des Überblicks stellen Sie Erwartungen an das, was Sie lesen werden, auf und geben sich einen ersten Rahmen, um Ihre Ziele beim Lesen des Materials zu strukturieren.

Nehmen wir zum Beispiel an, Sie lesen ein Buch, um mehr über Geologie zu erfahren. Ich habe zufällig ein Buch mit dem Titel *„Geology Illustrated"* von John S. Shelton - es ist etwa fünfzig Jahre alt und wird nicht mehr gedruckt, aber für unsere Zwecke ist es gut geeignet.

In einem Vorwort werden der Inhalt des Buches und die Anordnung der

Abbildungen beschrieben. Es gibt ein ungewöhnlich umfangreiches Inhaltsverzeichnis, das in verschiedene Abschnitte unterteilt ist: „Materialien", „Struktur", „Skulptur", „Zeit", „Fallbeispiele" und „Implikationen". Daraus schließe ich, dass das Buch mit konkreten geologischen Elementen beginnt, sich dann mit ihrer Entstehung im Laufe der Zeit befasst, mit wichtigen Ereignissen und mit dem, was wir in Zukunft erwarten können. Das ist ein ziemlich guter Überblick über den Bogen des Buches.

Jeder Teil ist dann in Kapitel unterteilt, die wiederum in eine Vielzahl von Überschriften und Unterüberschriften unterteilt sind - zu viele, um sie hier zu erwähnen, aber sie geben eine nuanciertere Zusammenfassung dessen, worauf jeder Teil eingehen wird. Wenn man den Überblick hat und die Bedeutung dessen kennt, was man gerade lernt, kann man es sofort besser verstehen. Es ist ein Unterschied, ob man ein einzelnes Zahnrad isoliert betrachtet oder ob man sieht, wo und wie es in einer komplexen Uhr funktioniert.

Neben Büchern sollten Sie sich einen Überblick über alle wichtigen Konzepte in einem Fachgebiet verschaffen. Wenn Sie sie nicht in einer Struktur wie dem Inhaltsverzeichnis eines Buches finden können, müssen Sie in der Lage sein, sie selbst zu erstellen. Ja, das ist der schwierige Teil, aber wenn Sie erst einmal in der Lage sind, alle Konzepte darzulegen und zu verstehen, wie sie zumindest oberflächlich miteinander zusammenhängen, sind Sie anderen bereits einen Schritt voraus. Nutzen Sie die Überblickskomponente, um sich eine Übersicht über das zu verschaffen, was Sie lernen werden. In gewissem Sinne ist es so, als würden Sie ein metaphorisches „Buch" für sich selbst entwerfen.

Sie sollten sich einen allgemeinen Überblick darüber verschaffen, was Sie lernen werden. Da Sie dieses Fach auf eigene Faust studieren, könnte es sein, dass Sie noch nicht wissen, was Sie wissen müssen. In dieser Phase legen Sie also genau fest, was Sie wissen *wollen*, und zwar so genau wie möglich. Wenn Sie zum Beispiel alles über Psychologie lernen wollen, wird das viel Zeit in Anspruch nehmen. Das geht nicht auf einen Schlag. Sie sollten es ein wenig präzisieren: die frühe Geschichte der Psychoanalyse, die Werke von Sigmund Freud und Carl Jung, Sportpsychologie, Entwicklungspsychologie - es gibt viele Möglichkeiten.

Achten Sie auf Formulierungen oder Konzepte, die in mehreren Quellen vorkommen, da diese Elemente in Ihrem Fachgebiet häufig vorkommen und Sie sie somit möglicherweise kennen sollten. Stellen Sie Zusammenhänge und Ursache-Wirkungs-Beziehungen her, bevor Sie sich mit den Konzepten im Detail beschäftigen.

Nehmen wir zum Beispiel an, Sie möchten die Geschichte des europäischen Kinos studieren. Wenn Sie bei Google „Europäische Filmgeschichte" eingeben, erhalten Sie eine Menge interessanter Möglichkeiten, und einige davon können Sie nutzen, um die von Ihnen gewünschte Gliederung zu erstellen.

Sie können auf Amazon.de nach Lesestoff suchen und die Bücher finden, die Ihnen am zuverlässigsten erscheinen. Die Internet

Movie Database (IMDB) kann Ihnen helfen, die wichtigsten europäischen Filme zu finden, die Sie sich ansehen können. Sie können herausfinden, welche europäischen Regisseure am häufigsten zitiert werden und am wichtigsten und einflussreichsten zu sein scheinen. Sie können recherchieren, welche europäischen Filme die besten Bewertungen haben und warum. Sie können einige Ressourcen sammeln, um herauszufinden, welche Länder welche filmischen Bewegungen hatten und warum.

Dann ordnen Sie diese Ressourcen. Sie werden sich einen Plan ausdenken, wie Sie die einzelnen Quellen studieren wollen - vielleicht lernen Sie ein Kapitel in einem Buch über die frühe europäische Filmgeschichte, dann sehen Sie sich ein paar Filme an, die die Epoche repräsentieren, mit der Sie sich gerade beschäftigen, und geben sich anschließend eine Aufgabe zur Filmkritik. Konzentrieren Sie sich auf das Sammeln und Organisieren; Sie müssen diese Ressourcen noch nicht bearbeiten. Wichtig ist, dass Sie sich vor dem Eintauchen in das Thema einen Überblick verschafft haben und somit wissen, worauf Sie sich einlassen und warum.

Fragen. In der zweiten Phase der SQ3R-Methode springen Sie noch nicht ins kalte Wasser. In der Frage-Phase dringen Sie etwas tiefer ein, um Ihren Geist besser darauf vorzubereiten, sich auf das Material, das Sie lesen, zu konzentrieren und mit ihm zu interagieren. Sie sehen sich die Struktur des Buches etwas genauer an und formulieren einige Fragen, die Sie beantworten möchten, oder legen die Ziele fest, die Sie erreichen möchten.

In der Fragephase der Lektüre eines Buches - oder, genauer gesagt, in dieser Phase der *Vorbereitung* auf die Lektüre - gehen Sie die Kapitelüberschriften, Überschriften und Unterüberschriften durch und formulieren sie in Form einer Frage um. So wird der einfache Titel des Autors zu einer Herausforderung oder einem Problem, das Sie lösen müssen. Wenn Sie zum Beispiel ein Buch über Freud lesen, könnte ein Kapitel „Grundlagen von Freuds Traumanalysen" heißen. Sie würden diesen Kapiteltitel umschreiben in „Wie entstand

Sigmund Freuds Arbeit über die Traumdeutung und was waren seine allerersten Ideen zu diesem Thema?" Sie könnten diese Frage an den Rand Ihres Buches schreiben. Wenn Sie ein Lehrbuch mit Lernfragen am Ende der Kapitel lesen, dienen diese als hervorragende Leitfäden für das, was Sie gleich herausfinden werden.

In dem Geologiebuch gibt es leider nicht allzu viele Kapitelüberschriften, die ich als Fragen umformulieren könnte. („Verwitterung", „Grundwasser", „Vergletscherung" - das war's.) Aber es gibt Überschriften, die funktionieren könnten: „Einige Auswirkungen der Metamorphose auf Sedimentgesteine" kann z. B. zu „Was kann mit bodennahen Gesteinen durch äonenlange Umweltveränderungen passieren?" werden. Ich habe es nicht nur in eine Frage umgewandelt, sondern den Titel in eine Formulierung umgeschrieben, die ich verstehen kann, noch bevor ich mit dem Lesen begonnen habe.

Jetzt, wo Sie Ihre Ressourcen für die Studienplanung organisiert haben, können

Sie für einige der Themen, die Sie behandeln werden, Fragen zusammenstellen, die Sie beantwortet haben wollen, oder Ziele, die Sie erreichen wollen. Welche konkreten Antworten erhoffen Sie sich auf der Grundlage des Quellenmaterials, das Sie zusammengestellt haben, und der Muster, die Sie möglicherweise beobachtet haben, von Ihren Studien? Schreiben Sie sie auf. Dies ist auch ein guter Zeitpunkt, um sich eine Struktur für die Beantwortung Ihrer Fragen auszudenken - ein tägliches Tagebuch, ein selbstverwaltetes Quiz, eine Art „Wissenstracker"? Sie müssen die Fragen noch nicht beantworten - Sie müssen nur wissen, wie Sie sie aufzeichnen werden, wenn Sie es tun.

Wenn Sie in unserem Beispiel der europäischen Filmgeschichte auch nur oberflächlich recherchiert haben, sind Sie zweifelsohne mehr als einmal auf die Namen einiger Regisseure gestoßen: Federico Fellini, Jean-Luc Godard, Luis Buñuel, Fritz Lang, und so weiter. Sie denken sich, dass es wichtig ist, diese Personen kennen zu lernen, und stellen sich die Frage: „Warum war Fellini so einflussreich?" „Was war Buñuels Regiestil?" „Welche Themen verfolgte Godard in seinem Filmschaffen?" Vielleicht sind Sie auf bestimmte Konzepte oder Themen gestoßen, die im europäischen Film üblich zu sein scheinen - „French New Wave", „Zweiter Weltkrieg", „Neorealismus", zum Beispiel. Notieren Sie diese als Ziele für Ihre Studie und ordnen Sie sie in Ihrer Gliederung an.

Lesen. In dieser Phase sind Sie endlich bereit, sich in die Materie zu vertiefen. Da Sie sich einen Überblick verschafft und einige Fragen und Ziele für Ihr Studium formuliert haben, sind Sie etwas engagierter, wenn Sie sich schließlich zum Lesen hinsetzen. Sie suchen nach Antworten auf die Fragen, die Sie sich gestellt haben. Ein weiterer unterschätzter Aspekt des Formulierens und Organisierens vor dem eigentlichen Lesen besteht darin, die *Vorfreude* auf das Lernen zu steigern. Sie haben sich alles schon eine Weile angeschaut und sind wahrscheinlich begierig darauf, endlich einzutauchen und die Fragen zu beantworten, die sich in Ihrem Kopf angesammelt haben.

Bei diesem Schritt versuchen die meisten Menschen anzufangen, scheitern aber, weil ihnen eine Grundlage fehlt und sie stattdessen unangemessene Erwartungen haben.

Jetzt lesen Sie bewusst und in einem bestimmten Tempo, damit Sie besser verstehen können. Das bedeutet, dass Sie langsamer werden müssen - *viel langsamer.* Seien Sie geduldig mit dem Material und mit sich selbst. Wenn eine Passage schwer zu verstehen ist, lesen Sie sie extrem langsam. Wenn Ihnen eine bestimmte Stelle nicht klar ist, hören Sie auf, gehen Sie zurück und lesen Sie sie noch einmal. Es ist ja nicht so, als würden Sie einen spannenden Roman lesen, den Sie nicht aus der Hand legen können. Sie nehmen Informationen auf, die sehr dicht gepackt sein können - lesen Sie also langsam und aufmerksam, einen Abschnitt nach dem anderen.

Wahrscheinlich ist die Lektüre Teil Ihres Lernplans, aber auch visuelle Hilfsmittel,

Online-Kurse und Internet-Ressourcen sind denkbar. Nutzen Sie diese genau so, wie Sie das Buch in der Lesephase nutzen würden: bewusst und beharrlich, mit dem Ziel, jedes Konzept, das Sie lernen, vollständig zu verstehen. Wenn Sie sich verirren, denken Sie daran, dass die Rückspultaste und das Blättern Ihre besten Freunde sind. Planen Sie Ihre Lernzeit so, dass Sie den Stoff so vollständig wie möglich verstehen.

Bei unserem Beispiel der europäischen Filmgeschichte ist dies offensichtlich. Betrachten Sie Ihre Filme mit einem kritischen Auge. An bestimmten Stellen sollten Sie vielleicht zurückspulen, um Bilder, Dialoge oder Handlungen zu sehen, die relevant sein könnten. Wenn Sie ein Video mit einer Audiospur mit Kommentaren des Regisseurs ansehen können, sollten Sie einen Nachmittag damit verbringen. Vergleichen Sie die Filme mit den Büchern, die Sie lesen, oder den Online-Kursen, die Sie besuchen, um Fragen oder Gedankengänge zu beantworten.

Wiedergeben. Dieser Schritt ist entscheidend für die Verarbeitung der

Informationen, die Sie lernen, und stellt den größten Unterschied zwischen dem Lesen zum Lernen und dem Lesen zur Unterhaltung dar. Da Sie nun mit dem Stoff vertraut sind, besteht das Ziel der Rezitationsphase darin, Ihren Geist und Ihre Aufmerksamkeit neu auszurichten, damit Sie sich konzentrieren und im weiteren Verlauf des Lernprozesses besser lernen können. Mit anderen Worten: In diesem Schritt geht es um die wörtliche Wiedergabe.

Stellen Sie Fragen - laut und mündlich - zu dem, was Sie gerade lesen. Dies ist auch der Zeitpunkt, an dem Sie sich zahlreiche Notizen am Rande des Textes machen und wichtige Punkte unterstreichen oder hervorheben. Die Wiedergabe erfolgt mündlich und auch schriftlich. Es ist jedoch wichtig, dass Sie diese Punkte *in Ihren eigenen Worten* wiedergeben und nicht nur Sätze aus dem Buch auf ein Blatt Papier kopieren. Auf diese Weise nehmen Sie das neue Wissen auf und fügen es in Sätze ein, deren Bedeutung Sie bereits kennen. Auf diese Weise können Sie die Informationen in einer Sprache, die Sie verstehen, leichter begreifen. Es macht sie bedeutsam und sinnvoll für Sie.

Mein Geologiebuch hat zufälligerweise ziemlich breite Seitenränder, so dass ich viel Platz habe, um wichtige Punkte neu zu formulieren und zu schreiben sowie wichtige Konzepte hervorzuheben. Betrachten Sie zum Beispiel den folgenden Originaltext:

> „Dieser Vergleich deutet darauf hin, dass das langsame Fortschreiten der Erosion auf Hügeln und Bergen den viel schnelleren und beobachtbaren Veränderungen ähnelt, die in Miniaturform überall um uns herum zu sehen sind.

Ich könnte die obigen Ausführungen in etwa so umschreiben:

> „In Bergen und Hügeln findet der gleiche Verfall statt wie im Flachland und in Flüssen, nur langsamer. Ähnlich wie bei Baseballspielern."

Was ich hier tue, ist, eine einzige Information in zwei verschiedene Sätze zu packen, von denen ich mir einen selbst ausdenken musste. Das ist ein praktisches Hilfsmittel beim Auswendiglernen, und es ist auch eine gute Möglichkeit, die Informationen für mich persönlich bedeutungsvoller zu machen. Ich habe auch etwas über Baseball hinzugefügt, weil ich Baseball mag und das Konzept dadurch sofort verständlich wird, wenn ich es mir noch einmal anschaue. Wenn man diesen Prozess im Laufe eines ganzen Buches wiederholt, vervielfacht sich die Lernkapazität von selbst.

Die Wiedergabephase bei der Organisation Ihres Studiums ist großartig, weil sie medienübergreifend funktioniert und es viele Möglichkeiten gibt, Ihre Fragen und Wiederholungen auszudrücken.

Um auf unser Beispiel des europäischen Kinos zurückzukommen: Wenn Sie sich Ingmar Bergmans *Das siebte Siegel* ansehen (kurze Zusammenfassung: Ein mittelalterlicher Ritter trifft auf einen Todesengel und versucht, Zeit zu gewinnen, indem er mit ihm Schach spielt), könnten Sie Fragen zu den biblischen Bezügen, der künstlerischen Gestaltung, den Anspielungen auf das Mittelalter oder der Kinematographie aufschreiben. Sie könnten auch eine Zusammenfassung schreiben oder einen Videoblog zum Film erstellen und die wichtigsten Sequenzen ansprechen, die für Ihre Fragen am relevantesten sind. Sie könnten den Film auch mit anderen Filmen von Bergman vergleichen oder Ähnlichkeiten zwischen seinem Stil und dem anderer Regisseure, die Sie studieren, feststellen. Wichtig ist, dass Sie sich die Zeit nehmen, neues Wissen zu formulieren und zu rezitieren, damit es für Sie persönlich - und niemanden sonst - von Bedeutung ist.

Rückblick. In der letzten Phase des SQ3R-Plans gehen Sie den Lernstoff noch einmal durch, machen sich mit den wichtigsten Punkten vertraut und verbessern Ihre Fähigkeiten, sich den Stoff einzuprägen.

Robinson unterteilt diese Phase in bestimmte Wochentage, aber wir werden nur einige der Taktiken im Allgemeinen erwähnen. Dazu gehören das Schreiben weiterer Fragen zu wichtigen Teilen, die Sie hervorgehoben haben, die mündliche

Beantwortung einiger der Fragen, wenn Sie können, die Überprüfung Ihrer Notizen, die Erstellung von Lernkarten für wichtige Konzepte und Terminologie, das Umschreiben des Inhaltsverzeichnisses mit Ihren eigenen Worten und die Erstellung einer Mindmap. Jede Art von Übung, die Ihnen hilft, die Informationen zu vertiefen, aufzunehmen und im Gedächtnis zu verankern, ist geeignet (wobei Lernkarten besonders effektiv sind).

Dieser Schritt soll Ihr Gedächtnis für den Stoff stärken, aber er leistet mehr als das. Er kann Ihnen helfen, Zusammenhänge und Ähnlichkeiten zwischen verschiedenen Aspekten zu erkennen, die Sie anfangs vielleicht nicht wahrgenommen haben, und Konzepte und Ideen in einen größeren Zusammenhang zu stellen. Er kann auch Ihre geistigen Organisationsfähigkeiten verbessern, so dass Sie diese Übung für andere Themen nutzen können.

Betrachten Sie diesen Schritt als die natürliche Fortsetzung des Überblickskomponente. An diesem Punkt haben Sie sich einen Überblick über das

Fachgebiet verschafft, Sie sind in die Tiefe gegangen, und jetzt sollten Sie einen Schritt zurücktreten, neu bewerten und aktualisierte, genauere und aufschlussreiche Verbindungen herstellen. Kombinieren Sie das mit Auswendiglernen, und Ihr Weg zum Selbstlernen und Fachwissen wird im Wesentlichen zu einer Abkürzung.

In meinem Geologiebuch gibt es eine ganze Reihe von Begriffen, die ich auf Karteikarten schreiben könnte. „Monokline", „Schichtung", „Gletscherkolk" - zücken Sie jetzt den Filzstift. Ich könnte den Prozess der Vergletscherung auch in einem Flussdiagramm oder einem anderen visuellen Medium darstellen. Ich könnte eine Zeitleiste der Erdzeitalter erstellen und sie mit den wichtigsten geologischen Veränderungen verknüpfen, die während jeder Epoche stattgefunden haben. Ich kann auch Fragen notieren, die das Buch entweder unbeantwortet gelassen oder mich dazu veranlasst hat, sie genauer zu untersuchen.

Sie können die meisten Elemente der Buchbesprechungsphase auf die gleiche Weise für die Studienplanung nutzen. In unserem Beispiel des europäischen Kinos könnten Sie einen Katalog oder eine Datenbank über europäische Filmregisseure erstellen, in der ihre Arbeit, ihre Hauptthemen oder ihre stilistischen Entscheidungen beschrieben werden. Sie können Lernkarten erstellen, die Ihnen helfen, sich die wichtigsten Facetten der verschiedenen europäischen Strömungen ins Gedächtnis zu rufen: „Neorealismus", „Giallo-Horror", „Spaghetti-Western" und „Cinéma du look". Und natürlich können Sie das Gelernte in einem Tagebuch oder Journal festhalten, entweder in schriftlicher Form oder in Form einer visuellen Darstellung.

Die SQ3R-Methode ist nicht trivial. Sie ist erschöpfend und detailliert und erfordert Geduld und eine gute Organisation. Aber wenn Sie sich geduldig die Mühe machen, jeden Schritt ernsthaft und langsam anzugehen, werden Sie feststellen, dass es unglaublich hilfreich ist, ein komplexes Thema anzugehen. Und jedes Mal, wenn Sie es tun, ist es ein bisschen einfacher als beim letzten Mal.

Fazit

- Bei der Textvorschau geht es im Wesentlichen darum, alle relevanten Informationen über einen Text zu sammeln, die Sie vor dem Lesen wissen sollten. Dabei kann es sich um grundlegende Informationen wie den Titel des Textes, die Inhaltsangabe, das Inhaltsverzeichnis usw. handeln, aber auch um aufwändigere Methoden der Textvorschau, um sich mit dem Text besser vertraut zu machen.
- Eine etwas komplexere Methode ist die KBG-Methode. Hier notieren Sie zunächst alle grundlegenden Details wie den Titel, die Überschriften usw. Dann folgt die Einleitung, der Schluss, die erste Zeile nach jeder Überschrift und Dinge wie Lernziele. Schließlich notieren Sie, was Sie bereits über das dem Text zugrunde liegende Hauptthema wissen, welche Vorurteile Sie gegenüber dem

Text oder seinen Ideen/Themen haben und welche Lernziele Sie für den Text anstreben.
- Eine weitere ähnliche Methode ist die 4-P-Methode, wobei die vier P's Zweck (purpose), Vorschau (preview), Vorwissen (prior knowledge) und Vorhersage (predict) sind. Wie bei der KBG-Methode notieren Sie, warum Sie den Text lesen und gehen dann die rudimentären Teile des Buches durch, wie z. B. den Titel und die Überschriften. Überlegen Sie anschließend, was Sie bereits über die Hauptthemen des Textes wissen, und stellen Sie schließlich einige fundierte Vorhersagen darüber an, was der Autor über diese Themen sagen wird.
- Die letzte Vorschaumethode wird als THIEVES-Methode bezeichnet. Hier gehen Sie den Titel, die Überschriften, die Einleitung, den ersten Satz nach jeder Überschrift, die visuellen Hilfsmittel, die Fragen am Ende jedes Kapitels und die Zusammenfassungen durch, falls es welche gibt.

Kapitel 3. Grundlagen des Speed-Reading

Lesen - das konnten Sie schon als Kind. Was gibt es da noch zu lernen? Es stellt sich heraus, dass Sie wahrscheinlich nie gelernt haben, wie man schnell und effizient liest. Das, was Sie bisher getan haben, hat ausgereicht, um zurechtzukommen, aber besser lesen zu lernen und mehr Informationen zu behalten, ist eine Fertigkeit für sich. Es geht um mehr als die passive Aufnahme von Informationen, an die Sie sich gewöhnt haben.

Höchstwahrscheinlich müssen Sie bei allem, was Sie lernen und studieren, irgendwann darüber lesen. Je mehr Sie lesen, desto besser. Das heißt, je schneller und effizienter Sie lesen, desto schneller und effizienter werden Sie lernen. Wie können Sie dies erreichen?

Man kann zum Experten auf einem bestimmten Gebiet werden, wenn man nur genug liest. Doch trotz der unglaublichen Bedeutung des Lesens sind die meisten von uns darin äußerst ineffizient. Wie ein Kind, das nie über das Krabbeln hinauskommt, verfügen die meisten Menschen über genügend Lesekompetenz, um sich fortzubewegen, aber sie sind weit davon entfernt, zu laufen.

Der durchschnittliche Erwachsene liest mit einer Geschwindigkeit von 300 Wörtern pro Minute. Wenn Sie herausfinden möchten, wie schnell Sie lesen können, können Sie online verschiedene Lese- und Verständnistests durchführen, um Ihre aktuellen Fähigkeiten zu testen. Einem von Staples durchgeführten Test zur Lesegeschwindigkeit zufolge lesen Menschen im Durchschnitt so viele Wörter pro Minute (wpm):

- Schüler der dritten Klasse: 150 wpm

- Schüler der achten Klasse: 250 wpm
- Durchschnittlicher Erwachsener: 300 wpm
- Durchschnittlicher Universitätsstudent: 450 wpm
- Durchschnittliche Führungskraft: 575 wpm
- Durchschnittlicher Universitätsprofessor: 675 wpm

Das ist natürlich nicht so gut für unser Selbstlernziel. Denken Sie an den Unterschied, wenn Sie auch nur 100 Wörter mehr pro Minute lesen könnten. Sie wären in der Lage, ein Buch 25-33 Prozent schneller zu beenden. Sie könnten mehr Zeit mit dem verbringen, worauf es ankommt - mit dem Analysieren und Nachdenken über die Informationen, anstatt sie einfach nur aufzunehmen. Oder Sie würden mit Ihrer Lektüre schneller fertig und hätten somit mehr Zeit für andere Dinge und Hobbys.

In diesem Kapitel geht es darum, Ihnen beizubringen, wie Sie sowohl schneller lesen als auch mehr behalten können. Sie werden das Beste aus beiden Welten bekommen. Es ist wichtig zu wissen, dass das Konzept, ein Buch in wenigen Minuten zu lesen, weitgehend ein Mythos ist. Ein paar besondere Gelehrte und Genies auf der Welt mögen dazu in der Lage sein, aber wir Sterbliche mit normalen Gehirnen können die Dinge nicht wie Computer verarbeiten.

In diesem Kapitel stellen wir Ihnen vier der besten Tipps vor, mit denen Sie trainieren können, schneller zu lesen und gleichzeitig mehr Informationen zu behalten - als Normalsterbliche. Sie werden selbst sehen (irgendwann, nicht sofort!), dass die Lesegeschwindigkeit kein Mythos ist und dass Sie sie für Ihr Streben nach besserem Lernen nutzen können. Wir werden Ihnen zeigen, wie Sie mit dem Subvokalisieren aufhören können, wie Sie Ihre Augen trainieren, sich zu weiten und zu dehnen, wie Sie strategisch nach wichtigen Informationen suchen und wie Sie sich besser konzentrieren und aufmerksam bleiben können. Wir beginnen mit dem Subvokalisieren.

Subvokalisation stoppen

Was ist Subvokalisation?

Als Sie zu lesen begannen, haben Sie wahrscheinlich laut gelesen. Ihre Grundschullehrerin wollte, dass Sie den Text lesen und die Wörter laut aussprechen. Nachdem Sie diese Fähigkeit erlernt hatten, wurde Ihnen gesagt, Sie sollten die Wörter einfach in Ihrem Kopf sagen und leise lesen. Wie wir bereits erwähnt haben, steuern die Teile unseres Gehirns, die das Sprachverständnis kontrollieren, auch das Sprechen, was auf eine grundlegende biologische Verbindung zwischen dem Lesen und dem Sprechen von Wörtern hinweist. Ein weiterer Beleg dafür ist die Tatsache, dass die durchschnittliche Lesegeschwindigkeit eines Menschen oft der Sprechgeschwindigkeit entspricht.

Beim Lesen sind wir oft durch die Zeit eingeschränkt, die unser Unterbewusstsein braucht, um die Wörter nebenbei auszusprechen. Wir sprechen sie nicht laut aus, aber unser Verstand spricht sie unbewusst: Das nennt man

„subvokalisieren". An diesem Punkt enden die meisten Leseerfahrungen und -fähigkeiten.

Um die nächste Ebene zu erreichen, müssen Sie aufhören, die Wörter in Ihrem Kopf zu hören. Das Subvokalisieren kostet Zeit - mehr Zeit als nötig ist, um die gelesenen Wörter zu verstehen. Es ist fast unmöglich, beim Subvokalisieren viel mehr als 400 oder 500 Wörter pro Minute zu sprechen. Und selbst dann hört es sich an, als hätten Sie einen Herzinfarkt, weil Sie im Hinterkopf so schnell sprechen.

Wenn wir ein Wort laut aussprechen, braucht es eine gewisse Zeit, um ausgesprochen zu werden. Wenn wir lesen, müssen wir die Wörter jedoch nicht aussprechen. Wir können sie einfach in uns aufnehmen. Dazu müssen Sie trainieren, zu lesen, ohne die Wörter in Ihrem Kopf zu hören.

Wenn jemand mit einer Geschwindigkeit von etwa tausend Wörtern pro Minute liest (was durchaus möglich und trainierbar ist), ist es unmöglich, dass er die Wörter in seinem Kopf hört, während er sie zu verarbeiten versucht. Stattdessen sieht er einfach das Wort und sein Gehirn extrahiert die Bedeutung des Geschriebenen. Es geht darum, die Bedeutung zu verarbeiten, ohne die Worte (laut) auszusprechen. Das Wesentliche liegt beim Aufhören mit Subvokalisation, und es klingt deshalb nicht einfach, weil es eine Gewohnheit ist, die man nur schwer ablegen kann!

Da die meisten Menschen derzeit nicht in der Lage sind, Subvokalisation und Verstehen zu trennen, sind sie auf eine Geschwindigkeit von etwa 400-500 Wörtern pro Minute festgelegt. Um dieses Tempo zu überschreiten, müssen Sie akzeptieren, dass *Ihr Verstand und Ihre Augen schneller lesen als Ihr Mund.*

Beginnen Sie damit, ein beliebiges Wort auszuwählen und es einen Moment lang in völliger Stille zu betrachten. Schauen Sie es an, und anstatt das Wort gedanklich zu wiederholen, denken Sie darüber nach, was es darstellt und bedeutet. Denken Sie über seine Bedeutung nach. Sie können es auch einfach im Kopf beschreiben, anstatt es laut zu lesen. Es wird immer noch ein wenig Subvokalisation geben, aber durch das bloße Betrachten der Wörter ohne den Wunsch, sie auszusprechen, wird sich die neue Gewohnheit von selbst einstellen.

Dieser Teil mag sich anfangs obskur oder abstrakt anfühlen, und das ist völlig normal. Es mag sich sogar unmöglich anfühlen, und auch das ist normal, denn Sie ändern damit grundlegend, wie Sie Informationen aufnehmen. Das Einzige, worauf Sie achten müssen, ist das Betrachten von Wörtern, ohne den Wunsch zu haben, ihren Klang zu hören.

Suchen Sie sich irgendwo einen Satz aus oder schreiben Sie ihn sogar selbst. Anstatt beim Lesen zu subvokalisieren, probieren Sie nun ein paar Dinge aus, um zu sehen, ob sie Ihnen helfen.

Erstens: Stellen Sie sich den Text bildlich vor. Zweitens: Summen Sie beim Lesen vor sich hin, so dass Sie den Text vor lauter Summen nicht mehr lesen können. Drittens können Sie auf die gleiche Weise das Lesen üben, während Sie Kaugummi kauen, da dies das unbewusste Subvokalisieren erschwert. Die Logik hinter dem Summen und dem Kaugummikauen besteht darin, dass sie eine wirksame Ablenkung darstellen, genau wie das Abspielen von Musik im Hintergrund, während man liest. Musik ist eine besonders wirksame Option, denn sie hilft nicht nur dabei, die Subvokalisation zu stoppen, sondern verbessert auch die allgemeine Konzentration beim Lesen.

Bedenken Sie jedoch, dass Ihnen nicht alle Arten von Musik helfen können. Etwas wie Heavy Metal oder etwas mit einem starken Beat wird Sie wahrscheinlich zu sehr ablenken und Ihre Lesegeschwindigkeit insgesamt verringern. Wählen Sie lieber etwas Sanftes, wie klassische Musik oder etwas, das eher instrumental als lyrisch ist.

Ein vierter Schritt, den Sie beim Versuch, Subvokalisation zu stoppen, einsetzen können, ist ein visueller Schrittmacher bzw. Zeiger. Das kann ein Stift, ein Bleistift oder sogar Ihr Finger sein - alles, was Ihnen hilft, die Wörter im Auge zu behalten. Dies verbessert die Konzentration, verringert die

Subvokalisation und hilft Ihnen auch beim so genannten Word Chunking. Dazu später mehr.

Eine weitere neue Möglichkeit, das gleiche Prinzip anzuwenden, besteht darin, die subvokalisierende Stimme in Ihrem Kopf mit einer anderen Stimme zu besetzen. Versuchen Sie das nächste Mal, wenn Sie lesen, gleichzeitig im Kopf zu zählen. Fixieren Sie dabei Ihre Augen zunächst auf den Anfang des Satzes, dann auf die Mitte und schließlich auf das Ende. Sie beschäftigen Ihre innere Stimme mit etwas anderem, lassen aber die Verarbeitung des Textes zu. Üben Sie so viel wie möglich, und irgendwann werden Sie nicht mehr das Gefühl haben, dass Sie subvokalisieren müssen, um Wörter zu verstehen.

Nehmen Sie zum Beispiel einen Satz wie „Die Bienen kommen". Stellen Sie sich vor, wie das aussieht, anstatt die Worte selbst zu sagen. Damit fangen Sie an.

Subvokalisation lässt sich nur schwer eliminieren, aber es ist ziemlich klar, dass man schneller denken als sprechen kann, und so wird deutlich, wie wichtig dies für ein schnelleres Lesen ist. Wenn Sie etwas unglaublich Komplexes mit viel Fachjargon und technischer Terminologie lesen, sind Sie möglicherweise gezwungen, auf Subvokalisation zurückzugreifen, um eine ausreichend hohe Lesegeschwindigkeit aufrechtzuerhalten, weil Tricks wie Visualisierung, Musik usw. nicht funktionieren könnten. Auch wenn Sie zum Vergnügen lesen, bringt es Ihnen nichts, so schnell wie möglich zu lesen, denn Sie werden das Buch wahrscheinlich nicht so sehr genießen, wenn Sie das tun. In diesen Fällen kann Subvokalisation eine gute Sache sein, da die Lesegeschwindigkeit nicht die Priorität ist. Im Großen und Ganzen können Sie es sich jedoch leisten, die Subvokalisation zu minimieren, da das Gesamtergebnis eine Erhöhung der Lesegeschwindigkeit sein wird, die es Ihnen ermöglicht, mehr Wissen zu erwerben.

Der nächste Schritt, um schneller lesen zu können, besteht darin, Ihre Augen zu trainieren und zu üben - sie in Form zu bringen, damit sie schneller lesen können. Ihre Augen sind schließlich auch Muskeln, also müssen Sie sie für die größere Arbeitsbelastung trainieren, die Sie ihnen zumuten.

Trainieren Sie Ihre Augen

Der nächste wichtige Schritt beim Erlernen eines schnelleren und effizienteren Lesens ist das Training der Augen. Ihre Augen sind Muskeln, sie müssen also trainiert und auf das schnellere Lesen vorbereitet werden. Es liegt auf der Hand, dass die Steigerung der Lesegeschwindigkeit eine größere Belastung für Ihre Augen bedeutet, als Sie es gewohnt sind. Wenn Sie in Ihrer Freizeit lesen, bewegen sich Ihre Augen vielleicht kaum, aber schnelles Lesen ist eine konzentrierte Tätigkeit, die Zeit und Anstrengung erfordert – und die sich auszahlt.

Beim so genannten normalen Lesen bleiben die Augen beim Lesen nicht auf einer Stelle stehen. Eye-Tracking-Studien haben gezeigt, dass Ihre Augen tatsächlich stark zittern und sich bewegen. Diese Bewegungen werden *Sakkaden* genannt. Und jede Bewegung, bei der Sie sich von

Ihrer Position im Text entfernen, erfordert einige Millisekunden, um sich neu zu justieren und zu fokussieren. All diese winzigen Anpassungen bei der Suche nach dem richtigen Platz im Buch können sich sehr ungünstig auf Ihre Lesegeschwindigkeit auswirken.

Sie trainieren also nicht, Ihre Augen *mehr* zu bewegen, sondern vielmehr, sie *weniger* und kontrollierter zu bewegen, um keine Energie und Anstrengung zu verschwenden. Es ist einfacher als Sie denken, auch wenn Sie sich anfangs vielleicht wie in der Grundschule fühlen.

Es gibt zwei Möglichkeiten, dies zu tun. Die erste ist, den Finger oder einen anderen Gegenstand als Zeiger zu benutzen. Die zweite besteht darin, das periphere Sehen zu stärken und zu lernen, sich auf Halbsätze statt auf einzelne Wörter zu konzentrieren.

Sich beim Lesen mit dem Finger zu orientieren, wird oft als etwas angesehen, das Kindern vorbehalten ist und dann vergessen wird, sobald sie das Lesen gelernt haben. Dabei ist es wichtig, dass man auf dem richtigen Weg bleibt und sich nicht ablenken lässt oder Energie verschwendet.

Dieser Trick ist auch beim Lernen des Schnelllesens sehr nützlich. Markieren Sie mit Ihrem Zeiger, wo Sie sich gerade auf der Seite befinden. Er sollte dem Wort, das Sie gerade lesen, folgen und langsam über jede Zeile und dann wieder eine Zeile nach unten wandern. Es mag sich anfangs unangenehm anfühlen und Ihr Lesetempo vorübergehend verlangsamen, aber die Verwendung eines Zeigers ist entscheidend, wenn Sie Ihre Lesefähigkeit verbessern wollen.

Indem Sie Ihren Zeiger schneller bewegen, als Sie tatsächlich lesen können, gewöhnen sich Ihre Augen daran, den Text schneller zu sehen, als Ihr Gehirn das Geschriebene verarbeiten kann. Dadurch wird die Bindung an die Subvokalisation gestört und Sie können Ihre Lesegeschwindigkeit mit ein wenig Übung leicht steigern.

Wenn Sie einen Zeiger verwenden, ist Ihr Hauptziel, den Zeiger in einem sehr gleichmäßigen Tempo zu bewegen. Sie sollten Ihren Zeiger nicht anhalten oder verlangsamen. Er sollte einfach mit gleichmäßiger Geschwindigkeit von einer Seite des Textes zur nächsten gleiten.

Versuchen Sie es jetzt gleich mit einem beliebigen Schriftstück, das vor Ihnen liegt. Sie können diese Lektion für eine Minute unterbrechen, um es zu versuchen. Sie kommen sich vielleicht albern vor, aber Sie werden feststellen, dass die Verwendung eines Fingers Ihre Augenbewegungen fokussiert und Sie sogar zu einer höheren Geschwindigkeit antreibt.

Eine der größten und einfachsten Erleuchtungen auf Ihrem Weg zum Schnellleser ist die Erkenntnis, wie sehr sich Ihre Augen beim Lesen bewegen. Der durchschnittliche Mensch kann seine Augen nicht in einer einzigen, fließenden Linie bewegen, ohne dass er zurückgehen muss. Wenn Sie anfangen, auf Ihre Augen zu achten, werden Sie garantiert feststellen, wie oft Sie sich vor- und zurückbewegen. Auf lange Sicht verlängert dies Ihre Lektüre um ganze Stunden und kann Sie sogar davon abhalten, ein Buch überhaupt zu Ende zu lesen.

Der zweite Teil des Augentrainings, neben der Verwendung eines Zeigers und der Beruhigung übermäßiger Augenbewegungen, besteht darin, sich mit der *Augenfixierung* zu beschäftigen. Eine Augenfixierung ist eine Stelle auf der Seite, an der Ihr Auge zum Stillstand kommt. Leser, die weniger Augenfixierungen vornehmen, lesen schneller, weil sie mit jeder Fixierung mehr Wörter aufnehmen.

Je größer Ihre Sehspanne ist, desto mehr Wörter können Sie in einer Augenfixierung verarbeiten und desto schneller können Sie lesen - und natürlich desto weniger Augenfixierungen machen Sie auf einer bestimmten Seite. Hier ist ein Beispiel, mit dem Sie das ausprobieren können. Lesen Sie diesen Satz: Der Regen in Spanien bleibt hauptsächlich im Flachland. Ein durchschnittlicher Leser wird aufgrund der Art des Satzes für jedes Wort eine Augenfixierung benötigen. Jemand mit einer größeren Sehspanne braucht jedoch nur zwei oder drei Fixierungen, weil er mehr

Text auf einmal aufnehmen kann. Wenn mehrere Wörter gebündelt aufgenommen werden, können sie schneller verarbeitet werden als wenn man sie einzeln aufnimmt. Um der Fixierung der Augen entgegenzuwirken, müssen wir also die Menge, die wir auf einmal sehen können, erweitern. Die Fähigkeit, eine größere Menge an Wörtern auf einmal zu sehen, ist für das Schnelllesen unerlässlich. Das Ziel ist es, nicht mehr nur ein einzelnes Wort zu sehen, sondern zu lernen, wie man ganze Bündel von Wörtern auf einmal betrachtet.

Durch diesen Prozess versuchen Sie, Ihr peripheres Sehen zu stärken. Die *Makulasicht* ist Ihr primärer Fokus. Wenn Sie direkt auf etwas schauen, sehen Sie mit Ihrer Makulasicht. Das *periphere Sehen* ist das, was Sie im Bereich außerhalb der Makula weniger deutlich sehen. Da die Rezeptorzellen auf der Netzhaut Ihres Auges in der Mitte konzentriert sind und zu den Rändern hin abnehmen, sind Farben und Formen im peripheren Sehen schwerer zu erkennen (obwohl Sie Bewegungen schnell wahrnehmen können).

Sie können aber links, rechts, oben und unten im Grenzbereich Ihrer Makulasicht sehen. Der Punkt ist, dass Ihr peripheres Sehen verbessert werden muss, um schneller lesen zu können und die Fixierung der Augen zu verringern.

An Ihren Augen befinden sich jeweils sechs Muskeln. Diese Muskeln steuern alle Bewegungen Ihrer Augen, einschließlich derjenigen, die Ihre Augen nach oben, unten und rundherum schauen lassen. Die Augenmuskeln helfen den Augen auch, sich auf nahe und weit entfernte Objekte zu konzentrieren. Wie jeden anderen Muskel in Ihrem Körper können Sie auch Ihre Augenmuskeln durch Training stärken und flexibler machen. Und genau wie für andere Muskeln gibt es auch für die Augenmuskeln spezielle Übungen, die ihre Kraft und Beweglichkeit fördern.

Hier ist eine einfache Augenübung, die dazu beiträgt, die Flexibilität der Augenmuskeln zu verbessern und die Lesegeschwindigkeit zu erhöhen.

Setzen oder stellen Sie sich hin und richten Sie Ihren Blick geradeaus. Als Nächstes strecken Sie Ihre Hände zur Seite, als würden Sie Flugzeug spielen. Strecken Sie beide Daumen nach oben in Richtung Himmel und halten Sie diese Pose.

Halten Sie nun den Kopf gerade und bewegen Sie Ihre Augen nach rechts, bis Sie Ihren Daumen sehen können. Wenn Sie ihn nicht ganz sehen können, bewegen Sie Ihre Augen einfach so weit nach rechts wie möglich. Schauen Sie dann nach links und achten Sie immer darauf, dass Sie Ihren Kopf ruhig halten und geradeaus schauen. Dies ist eine Wiederholung. Versuchen Sie, den Kopf nicht zu bewegen, sondern nur die Augen, damit Sie Ihre Augen nach beiden Seiten dehnen und die beteiligten Muskeln trainieren.

Schauen Sie noch neunmal von rechts nach links und von links nach rechts. Das ist ein Satz mit zehn Wiederholungen. Wiederholen Sie die Abfolge von zehn Blicken zu jeder Seite für insgesamt drei Sätze. Ihre Augen sollten sich am Ende ziemlich müde anfühlen; es wird ein seltsames und ungewohntes Gefühl sein.

Es mag nicht so aussehen, aber durch das Dehnen und Trainieren der Augenmuskeln wird Ihr Blickfeld vergrößert. Wo Sie sich vorher nur auf ein Wort konzentrieren konnten, haben Sie jetzt die Möglichkeit, sich auf zwei oder drei zu konzentrieren. Wenn Ihre peripheren Augenmuskeln stärker werden, können Sie vielleicht sogar eine ganze Textzeile mit einem Blick erfassen. Selbst wenn Sie sich nur auf zwei Wörter gleichzeitig konzentrieren, haben Sie Ihre Lesegeschwindigkeit allein durch das Training Ihrer Augen effektiv verdoppelt. Diese Technik, zusammen mit der Verwendung eines Zeigefingers oder eines Objekts, wird Ihnen enorm helfen, besser zu lesen.

Der nächste Schritt zum besseren Lesen besteht darin, Informationen strategisch zu überfliegen und die wichtigen Teile herauszufiltern, indem man weiß, worauf man achten muss und was man weglassen kann.

Word-Chunking

Im vorigen Abschnitt haben wir erörtert, wie Sie Ihr Sehvermögen erweitern können, um mehr Wörter zu sehen als der durchschnittliche Leser. Aber die Fähigkeit, sie zu sehen, ist nur die halbe Miete. Sie müssen die Wörter auch schnell genug verarbeiten, um insgesamt Ihre Lesegeschwindigkeit zu erhöhen. Dieser Prozess wird als Word Chunking bezeichnet.

Am einfachsten lernt man, mehr Wörter auf einmal zu lesen, indem man es übt. Sie können das sofort tun, während Sie dieses Buch lesen. Versuchen Sie, drei Wörter auf einmal aufzunehmen und lesen Sie so lange wie möglich, bis Sie das Gefühl haben, den Überblick zu verlieren. Das ist viel einfacher, als es sich anhört, und Sie werden wahrscheinlich überrascht sein, wie viel schneller Sie dadurch lesen können. Dennoch ist dies eine Art des Lesens, an die wir nicht gewöhnt sind, und nur Übung wird dies ändern. Sobald Sie problemlos drei Wörter auf einmal aufnehmen können, können Sie mit vier und später vielleicht sogar mit fünf Wörtern üben. Hier kommen die Fähigkeiten, die Sie im vorigen Abschnitt gelernt haben, zum Tragen, denn Sie haben Ihre Augen darauf trainiert, mehr Wörter auf einmal aufzunehmen.

Eine ausgezeichnete Quelle, die Ihnen dabei helfen kann, ist die Alchemy Educational Training Website von Ron Cole (https://superreading.com/). Diese Website enthält mehrere benutzerdefinierte PDF-Dateien für zwei, drei, vier und fünf Wortabschnitte (oder „Hops", wie Cole sie nennt), so dass Sie üben können, diese Mengen an Wörtern auf einmal aufzunehmen. Sie können auch Ihre eigene PDF-Datei über die Website erstellen. Wenn Sie einen Artikel oder einen Textabschnitt lesen möchten, können Sie ihn einfach auf der Website eingeben und auswählen, wie viele Wörter Sie zusammenfassen möchten. Wenn Sie also drei Wörter auswählen, wird nach jedem dritten Wort ein etwas größerer Abstand eingefügt, um es Ihnen zu erleichtern, bestimmte Wortgruppen auf einmal aufzunehmen.

Sie fragen sich jetzt vielleicht, ob das Nichtlesen einzelner Wörter dazu führt, dass Sie wichtige Konzepte oder Ideen verpassen und nur das Wesentliche eines Textes verstehen. Diese Befürchtung ist unbegründet und wurde wahrscheinlich dadurch beeinflusst, dass unsere Lehrer in der Kindheit darauf bestanden, jedes Wort zu lesen, um es besser zu verstehen. Damals erfüllte das seinen Zweck, aber heute brauchen wir das nicht mehr zu tun. Einzelne Wörter können keine Konzepte oder Ideen transportieren; diese werden nur in Wortgruppen ausgedrückt. Wenn Sie also lernen können, diese Wortgruppen schnell zu lesen und dabei das Verständnis aufrechtzuerhalten, werden Sie nichts Wichtiges verpassen. Wahrscheinlich nehmen Sie sogar mehr Informationen schneller auf, anstatt auf halbem Wege aufzuhören, weil das Lesen zu lange dauert.

Strategisch abschöpfen

Der nächste Schritt zum schnelleren Lesen besteht darin, zu verstehen, wie man das Material strategisch überfliegen kann -

nachdem man die Subvokalisation gestoppt und die Augen trainiert hat. Für die meisten von uns hat das Überfliegen einen negativen Beigeschmack. Es scheint, als ob wir unter Zeitdruck stünden und nur den ersten Satz eines jeden Absatzes lesen können - oder welche Methode auch immer Sie für sinnvoll halten. Was wir hier besprechen, ist eine völlig andere Art des Überfliegens.

Offen gesagt sind nicht alle Informationen gleich, und das kann sogar innerhalb von Sätzen und Absätzen der Fall sein. Es gibt einige Dinge, die beim Lesen unsere Zeit verschwenden. Deshalb sollten wir genau lernen, was man überspringen kann, worauf man sich konzentrieren sollte und wie man das alles handhabt. Beim Überfliegen von Informationen geht es in unserem Zusammenhang darum, Zeit zu sparen und das, was vor einem liegt, zu durchschauen.

Hier überfliegen wir den Inhalt auf eine Art und Weise, die es Ihnen ermöglicht, genauso viel zu behalten, indem wir einfach das Beiwerk weglassen. Beim herkömmlichen Überfliegen würden wir etwa 75 Prozent des Inhalts auslassen - hier sind es nur 25 Prozent. Wie erreichen wir das? Es gibt drei miteinander verknüpfte Methoden, die wir anwenden können.

Beginnen Sie das Lesen erst beim dritten Wort einer Zeile und beenden Sie das Lesen entsprechend beim drittletzten Wort.

Standardmäßig beginnen wir immer mit dem ersten Wort auf der linken Seite und lesen bis zum letzten Wort auf der rechten Seite. Man hat uns beigebracht, gründlich und gewissenhaft zu sein. Aber hier ist der Trick: Sie können mit dem dritten Wort von links beginnen und drei Wörter vor dem Ende aufhören, und Ihr peripheres Sehvermögen könnte die ersten beiden und die letzten beiden Wörter automatisch erfassen.

Bei einer Zeile mit zehn Wörtern können Sie so nur sechs Wörter „lesen" und sparen 40 Prozent der Mühe und Zeit. Das summiert sich natürlich sehr schnell. Wie bei allen diesen Techniken sollten Sie es kurz ausprobieren. Fühlt es sich seltsam an? Fühlt es sich an, als würden Sie wichtige

Informationen auslassen? Probieren Sie es einfach aus, und Sie werden feststellen, dass Ihnen nichts fehlt, was für das Verständnis notwendig ist - Ihr Gehirn wird es ausfüllen, und Sie werden in der Lage sein, es aus dem Kontext des Satzes herauszufinden.

Zweitens: Lassen Sie *bedeutungslose* Wörter weg.

Um das klarzustellen: Das Überspringen kleiner Wörter ist nicht dasselbe wie das Überfliegen des Gelesenen. Wenn Sie überfliegen, behalten Sie die Wörter oder Ideen, die Sie aufnehmen, nicht bei. Sie haben vielleicht ein allgemeines Gefühl für das Werk, aber die feinen Details gehen wahrscheinlich verloren.

Beim Lernen, wie man schneller liest, geht es vor allem darum, die kleinen, unnötigen Wörter zu eliminieren, die eine Seite füllen. Nicht jedes Wort ist gleich. Es gibt viele obskure kleine Wörter, die Ihnen nicht weiterhelfen, und wenn Sie sich zwingen, sie zu lesen, schadet das nur Ihren Bemühungen. Natürlich haben diese Wörter ihre Berechtigung, und wir brauchen sie, um Sätze und Ideen zu konstruieren! Aber wenn wir versuchen, schnell zu lesen, können wir diese Wörter oft überspringen, ohne dass es sich negativ auswirkt: „wenn", „ist", „zu", „der", „und", „war".

Das Beste am Überspringen der kleinen Wörter ist, dass sie nichts Nützliches beitragen. Wenn Sie sie also effektiv umgehen, haben Sie in kürzerer Zeit mehr von Ihrem Leseerlebnis. Wenn Sie ein belletristisches oder lyrisches Buch lesen und die Prosa und den Satzbau schätzen lernen wollen, ist dieser Tipp vielleicht nicht geeignet. Aber andererseits würden Sie diese Bücher ohnehin nicht schnell lesen wollen!

Schauen wir uns einen Beispielsatz an, der einige dieser nutzlosen Wörter verwendet. „**Der** Hund ging **ins** Haus **und** fraß sein Abendessen, **das aus** Spaghettiresten bestand." Wie viele Wörter können Sie in diesem Satz streichen? Mindestens vier oder fünf. Der Satz besteht aus 13 Wörtern. Das ist ein Drittel des Satzes!

Eine sinnvolle Methode, die Ihnen helfen kann, unnötige Wörter zu überspringen, ist die so genannte Zick-Zack-Methode. Diese Methode ähnelt der Verwendung eines Zeigers mit konstanter Geschwindigkeit und in linearer Richtung, jedoch mit einem entscheidenden Unterschied: Anstatt von links nach rechts zu gehen, gehen Sie im Zickzackkurs. Versuchen Sie, den gleichen Satz wie oben zu lesen, aber nehmen Sie Ihren Finger nach oben und unten statt von links nach rechts und lesen Sie nur die Wörter, auf denen Ihr Finger landet. Sie werden feststellen, dass Sie immer noch das Wesentliche des Satzes gelesen haben, obwohl Sie deutlich weniger Wörter gelesen haben, als der Satz enthält. Beim Lesen werden Sie feststellen, dass Füllwörter in der Regel Konjunktionen oder Präpositionen sind, während die wichtigen Teile des Satzes in der Regel Substantive und Verben sind. Behalten Sie dies beim Lesen und Üben im Hinterkopf, und Sie werden lernen, sie schneller zu erkennen.

Drittens: Suchen Sie nach *wichtigen* Wörtern. Dies hängt mit dem vorangegangenen Punkt zusammen, dass nutzlose Wörter ignoriert werden. Wenn Sie erkennen können, worum es in einem Satz geht, ist dieses Verständnis alles, was Sie brauchen. Wenn Sie einen beliebigen Satz lesen, werden Sie wahrscheinlich 90 Prozent der Bedeutung von 50 Prozent der Wörter verstehen, und für die Zwecke des schnellen Lernens sind die restlichen Wörter unnötige Füllwörter.

Zum Beispiel: „Ich war gestern beim Tierarzt, weil meine Katze krank war." Das ist ein Satz mit 10 Wörtern.

Was sind die wichtigen Wörter in diesem Satz? „gestern", „Tierarzt", „Katze" und „krank". Dies sind nur vier Wörter, die wir aus dem Satz herausgezogen haben, und alles andere ist nicht notwendig, um die Bedeutung zu verstehen. Sie können die Bedeutung des Satzes allein aus diesen Wörtern erschließen. Das ist einfacher als der vorige Schritt und spart Ihnen auch mehr Zeit für die so genannten bedeutungslosen und nutzlosen Wörter.

Nehmen wir ein anderes einfaches Beispiel. „Ich möchte nach China reisen, weil ich gehört habe, dass das Essen dort sehr lecker ist und die Leute nett sind.

Wie viele Wörter braucht man wirklich, um die Bedeutung dieses Satzes zu verstehen? „möchte", „China", „reisen", „Essen", „lecker", „Leute" und „nett". Das sind in diesem Satz sieben von 21 Wörtern. Sie sehen also, wie wertvoll diese Methode sein kann.

Das Überfliegen von Absätzen auf diese Weise erfordert zwar etwas Übung, aber es kann Ihre Lesegeschwindigkeit erheblich steigern. Und das Schöne ist, dass Sie, wenn Sie einen Absatz überfliegen und den Sinn nicht ganz erfassen, einfach zurückgehen, langsamer werden und die Wörter wieder einfügen, bis es einen Sinn ergibt. Danach lesen Sie wieder schneller weiter.

Strategisches Überfliegen von Informationen ist wahrscheinlich nicht das, was Sie ursprünglich dachten. Die meisten Menschen denken beim Überfliegen von Informationen daran, dass sie diese schnell durchgehen und auch wichtige Teile auslassen. Beim strategischen Überfliegen geht es jedoch darum, zu lernen, wie man Informationen analysiert und nur das liest, was man braucht, um den Sinn und den Inhalt zu verstehen. Es ist anstrengender, aber sehr lohnend auf dem Weg zum besseren Lernen und schnelleren Lesen.

Verschiedene Strategien zum schnelleren Lesen

Oben haben wir einige wichtige Verbesserungen an Ihrem Leseverhalten besprochen, um Ihre Lesegeschwindigkeit zu erhöhen, und wir haben auch einige Tricks genannt, die Ihnen dabei helfen. In diesem Abschnitt werden wir einige weitere Tricks erklären, die Sie anwenden können, um schneller zu lesen.

Wenn Sie die oben genannten Tricks ein paar Mal ausprobiert und geübt haben, können Sie dazu übergehen, beim Lesen Ihre Zeit zu stoppen. Stellen Sie dazu den Timer auf eine Minute ein und wählen Sie einen Text, an dem Sie das Schnelllesen üben können. Starten Sie den Timer und lesen Sie ganz normal, wobei Sie so viel wie möglich vom Text durchgehen. Sobald der

Timer abgelaufen ist, notieren Sie, wie weit Sie gekommen sind.

Setzen Sie nun jede einzelne Schnelllesestrategie ein, die Ihnen zur Verfügung steht, und lesen Sie denselben Text wieder jeweils eine Minute lang, um zu sehen, wie weit Sie kommen. Sicher haben Sie am Ende mehr von dem Text gelesen, als bei Ihrem normalen Leseversuch. Auf diese Weise können Sie Ihren Verstand austricksen und sich selbst herausfordern, indem Sie Maßstäbe setzen, die Sie bei Ihrem nächsten Versuch übertreffen müssen. Notieren Sie, wie viele Wörter Sie innerhalb einer Minute mit der Speed-Reading-Technik gelesen haben.

Wenn Sie das nächste Mal Ihre Zeit stoppen, versuchen Sie, Ihr bisheriges Ergebnis an gelesenen Wörtern zu übertreffen. Sich zum Schnelllesen anzuspornen, ist eine der besten Möglichkeiten, dies zu erreichen, und die Zeitmessung ist eine gute Herausforderung, die zu Verbesserungen führt.

Der nächste Tipp stammt von Abby Marks Beale, Amerikas führender Expertin für schnelles Lesen, und er wird Ihre Lesezeit um ein Vielfaches verkürzen. Laut Beale neigen Autoren dazu, bei der Vermittlung von Informationen jeglicher Art einer gängigen Methode zu folgen. Sie beginnen jeden Absatz mit einem Satz, der den Zweck des Absatzes darlegt und eine Vorstellung davon vermittelt, worum es in dem Absatz geht. Außerdem schließen sie die Absätze mit einer kurzen Zusammenfassung ab, in der sie den in der ersten Zeile ausgedrückten Gedanken noch einmal bekräftigen. Daher empfiehlt sie, dass man oft nur die erste und letzte Zeile eines Absatzes lesen muss, um das meiste zu verstehen.

Das gilt besonders für wissenschaftliche und akademische Zeitschriften, da sie viele technische Informationen enthalten, die ein Laie ohnehin nicht verstehen würde. Wenn Sie das nächste Mal etwas Komplexes lesen, probieren Sie diese Methode aus und vergleichen Sie sie mit dem wortwörtlichen Lesen eines Teils des Textes. Achten Sie darauf, wie viele Informationen Ihnen entgangen sind, wenn Sie nur die erste und die letzte Zeile eines jeden Absatzes lesen. Die Chancen stehen gut, dass Sie nicht viel verpasst haben.

Der letzte Tipp ist keine Strategie im eigentlichen Sinne, sondern ein allgemeiner Ratschlag, der Ihre generelle Lesegeschwindigkeit verbessern wird: erweitern Sie Ihren Wortschatz. Bis zu einem gewissen Grad geschieht dies natürlich, wenn Sie mehr lesen, aber Sie können den Prozess beschleunigen, indem Sie Sachbücher oder wissenschaftliche Werke lesen, da die Autoren in der Wissenschaft in der Regel in einer formelleren Sprache schreiben.

Die Erweiterung des Wortschatzes verbessert die Lesegeschwindigkeit, denn wenn man beim Lesen auf ein Wort stößt, dessen Bedeutung man nicht kennt, verschwendet man Zeit mit dem Versuch, den Kontext zu verstehen, in dem es verwendet wird. Das bringt viele rudimentäre Lesetendenzen zurück, wie z. B. das Zurückgehen, um Wörter erneut zu lesen, und das Ergebnis ist, dass man langsamer liest. Wenn Sie jedoch bereits wissen, was das Wort bedeutet, können Sie sich diesen ganzen Aufwand sparen.

Fazit

- Dieses Kapitel hat einen doppelten Schwerpunkt. Es legt den Schwerpunkt sowohl auf schnelles Lesen als auch auf das bestmögliche Behalten des Inhalts, was vor allem durch drei Techniken möglich ist.
- Zunächst müssen wir Subvokalisation eliminieren. Das ist die Praxis, Wörter im Kopf zu sprechen, während man sie liest. Subvokalisation verringert die Geschwindigkeit, mit der wir lesen können, erheblich. Es wird jedoch einige Zeit dauern, diese Gewohnheit loszuwerden, da diese Praxis bei den meisten von uns fest verankert ist. Um das Lesen ohne Subvokalisation zu üben, versuchen Sie, sich beim Lesen mit leiser Musik im Hintergrund abzulenken. Verwenden Sie visuelle Hilfsmittel wie einen Finger zum Lesen, und auch Kaugummi kauen hilft Ihnen, weniger zu subvokalisieren.

- Als Nächstes müssen wir unsere Augen trainieren, um besser lesen zu können. Den meisten von uns ist nicht bewusst, wie sehr sich unsere Augen beim Lesen hin und her bewegen. Dadurch werden wir langsamer, weil wir Wörter, die wir bereits gelesen haben, noch einmal lesen müssen. Wir müssen unsere Augen trainieren, den Blick zu fixieren, und wir müssen unsere Augen auch befähigen, mehr Wörter auf einmal aufzunehmen. Wir neigen dazu, uns auf jedes einzelne Wort zu konzentrieren, aber mit etwas Übung können wir zwei bis fünf Wörter gleichzeitig lesen.
- Die dritte Strategie besteht darin, effektiv und systematisch zu überfliegen. Dazu werden in jeder Zeile die drei Wörter am Rand übersprungen, und zwar sowohl auf der linken als auch auf der rechten Seite, da diese ohnehin von unserem peripheren Sehen erfasst werden. Außerdem müssen wir beim Lesen bedeutungslose Wörter auslassen, da sie unser Verständnis der wichtigsten Ideen und Konzepte des Buches nicht verbessern. Und schließlich müssen wir

den Text nach wichtigen Wörtern absuchen. Dabei handelt es sich in der Regel um Substantive oder Verben, während Konjunktionen und Präpositionen im Allgemeinen übersprungen werden können.

Kapitel 4. Verbesserung des Verständnisses und des Behaltens

Schnelles Lesen wird oft mit einem Verlust an Verständnis und Behalten in Verbindung gebracht. Je schneller man liest, desto weniger kann der Text vollständig verarbeitet und somit behalten werden, so die Behauptung. Da ist zwar etwas Wahres dran, aber die Auswirkungen des schnellen Lesens auf das Verständnis und die Merkfähigkeit werden stark übertrieben. Außerdem kann man einiges tun, um so viel wie möglich zu verstehen und zu behalten, während man gleichzeitig seine Lesegeschwindigkeit schrittweise erhöht.

Es stimmt, dass zu schnelles Lesen ab einem gewissen Punkt unweigerlich zu einem

Verlust des Verständnisses führt. Ob dies jedoch gut oder schlecht ist, hängt letztlich davon ab, was Sie lesen. Wenn Sie einen Dan-Brown-Roman lesen, wird ein gewisser Verständnisverlust nicht viel schaden. Das Gleiche gilt für Zeitungsartikel und andere banale Medien. Das Lesetempo so weit zu steigern, dass das Verständnis gefährdet ist, erfordert jedoch viel Zeit und Übung.

Denken Sie daran, dass der durchschnittliche Erwachsene bis zu 300 Wörter pro Minute lesen kann. Sie können bis zu 500 Wörter pro Minute lesen, ohne dass das Verständnis oder die Merkfähigkeit nachlassen. Wenn Sie Ihre Lesegeschwindigkeit nur um 200 Wörter pro Minute steigern würden, wäre das an sich schon eine enorme Verbesserung. Der derzeitige Meister im Schnelllesen kann etwa 4700 Wörter pro Minute lesen und dabei 62 Prozent verstehen. Selbst wenn Sie die Marke von 500 Wörtern pro Minute geringfügig überschreiten würden, würde sich Ihr Leseverständnis oder Ihre Merkfähigkeit nur geringfügig verringern.

All dies bedeutet, dass die Sorge um das Verstehen und Behalten von Informationen zwar berechtigt ist, Sie sich aber wahrscheinlich noch lange nicht darum kümmern müssen. Beim Schnelllesen geht es nicht darum, gedankenlos so schnell wie möglich zu lesen. Das wäre eine Falle, die *unweigerlich* dazu führt, dass Sie weniger verstehen und behalten. Wenn Sie stattdessen von Anfang an das Verstehen und Behalten in den Vordergrund stellen und die oben beschriebenen Strategien für schnelles Lesen anwenden, ist es sehr wohl möglich, schnell zu lesen und gleichzeitig alles zu verstehen.

In den vorangegangenen Kapiteln haben wir verschiedene Tipps und Tricks besprochen, die darauf abzielen, genau dies zu erreichen, indem Sie den Füllstoff weglassen und sich auf den Kern des Inhalts Ihres Textes konzentrieren. In diesem Kapitel geht es um weitere Tipps und Strategien, die darauf abzielen, so viel Inhalt wie möglich zu verstehen und zu behalten. Wir beginnen mit den grundlegenden, elementaren Dingen, die Sie tun können, um Ihr Erinnerungsvermögen fit zu halten. Dann gehen wir auf spezifische Strategien ein, die sich auf die Visualisierung, die Fitness der Augen, das Lesen nach Ideen usw. beziehen.

Grundlegende Tipps zur Verbesserung des Verständnisses und der Merkfähigkeit

Wie versprochen gehen wir zunächst auf einige sehr grundlegende Elemente ein, die zu Ihrer allgemeinen Lesegeschwindigkeit, Ihrem Behalten und Ihrem Verständnis beitragen. Diese können entweder sofort oder im Laufe der Zeit mit etwas bewusster Aufmerksamkeit angegangen werden, aber es gibt keine speziellen „Strategien", die Sie dafür anwenden müssen. Einige davon sind sicher selbstverständlich, aber es ist gut, sich ihrer bewusst zu sein, damit Sie Ihre Lesezeit absolut produktiv nutzen können.

Die erste Reihe von Maßnahmen, die Sie ergreifen können, betrifft Ihre Umgebung. Diese kleinen Änderungen am Ort des Lesens können einen großen Einfluss darauf haben, wie viel Sie von Ihrem Text behalten können. Als Erstes sollten Sie größere Ablenkungen vermeiden. Wie wir bereits besprochen haben, kann eine leichte Ablenkung in Form von leiser Musik dazu beitragen, dass Sie Subvokalisation unterbrechen und somit schneller lesen. Wenn jedoch der Raum, in dem Sie lesen, häufig von lauten Geräuschen erfüllt ist, sinken Ihr Verständnis und Ihre Merkfähigkeit. Achten Sie auch darauf, dass es keine elektronischen Geräte gibt, die Ihre Aufmerksamkeit vom Lesen ablenken könnten.

Als Nächstes sollten Sie Ihr Zimmer aufgeräumt und sauber halten. Bringen Sie Ihren Schreibtisch in Ordnung und achten Sie darauf, dass Ihr Bett nicht zu unordentlich ist. Achten Sie darauf, dass Ihr Zimmer gut beleuchtet ist und die Temperatur nicht zu heiß oder zu kalt ist. Natürliches Licht durch ein großes offenes Fenster ist besser als künstliches Licht. Wenn Sie Pflanzen in Ihrem Lesezimmer haben, haben diese einen beruhigenden Einfluss, der letztendlich Ihr Verständnis und Ihre Merkfähigkeit verbessert, da Sie sich besser konzentrieren können. Und schließlich sollten Sie es vermeiden, im Bett zu lesen, denn das kann ein Gefühl der Lethargie hervorrufen und Ihre Schlafqualität beeinträchtigen.

Nachdem wir nun die Umweltfaktoren aus dem Weg geräumt haben, wollen wir eine zweite und wohl wichtigere Reihe von Maßnahmen erörtern, die Sie ergreifen können, um Ihr Leseverständnis und Ihre Merkfähigkeit zu verbessern. Dazu gehört in erster Linie, dass Sie schlichtweg besser lesen können. Darunter fallen viele andere kleinere Vorteile, die Sie dadurch erzielen und auf die Sie sich auch einzeln konzentrieren können. Dazu gehören die Erweiterung des Wortschatzes, die Verbesserung der Sprachgewandtheit und das Erkennen verschiedener Satzarten, wie wir sie oben beschrieben haben.

Vor allem aber hilft Ihnen eine gute Lektüre dabei, Wissen aus verschiedenen Fachgebieten und zu vielen verschiedenen Themen zu erwerben, was sich auf die Art und Weise auswirkt, wie Sie über die gelesenen Texte nachdenken und sie betrachten. Wenn Sie sich mit Argumenten und Themen in Büchern wie „Freakonomics" auseinandersetzen, nachdem Sie bereits andere Bücher über Wirtschaft gelesen haben, sind die Lernergebnisse am Ende viel reichhaltiger und produktiver, als wenn Sie ohne Vorwissen über Wirtschaft an die Lektüre herangehen. Außerdem ermöglicht es Ihnen Ihre bereits vorhandene Vertrautheit mit bestimmten Themen, Ihr neu erworbenes Wissen mit dem zu verknüpfen, was Sie bereits hatten, und das ist eine der besten Möglichkeiten, mehr zu verstehen und zu behalten.

Darüber hinaus hat eine gute Lektüre den Vorteil, dass Sie Wörter und Sätze schneller verarbeiten können. Sie erhalten nicht nur die dringend benötigte Übung, sondern werden auch mit Wörtern und Sätzen vertraut gemacht, die Sie sonst vielleicht nicht kennen würden. So müssen Sie nicht immer wieder in einem Wörterbuch nachschlagen, sondern können einfach im Text fortfahren.

Nun fragen Sie sich vielleicht, wie genau Sie sich belesen können, und die Wahrheit ist, dass es keine Abkürzung gibt, dies zu erreichen. Am besten ist es, Bücher und Artikel zu einer möglichst breiten Palette von Themen und Fachgebieten zu lesen. Um den Prozess zu erleichtern, können Sie eine Liste aller Themen erstellen, die Sie behandeln wollen, und ein paar Bücher zu diesen Themen zusammenstellen. Wählen Sie kurze Bücher aus, damit Sie dies in einem angemessenen Zeitrahmen tun können, und haken Sie jedes einzelne ab, wenn Sie Ihr Ziel erreicht haben. Mit der Zeit werden Sie feststellen, welche Vorteile es mit sich bringt, belesen zu sein, und wie sich dies auf die Bücher auswirkt, die Sie als nächstes lesen.

Visualisierung

Nachdem wir nun einige grundlegende Dinge besprochen haben, die Sie tun können, um Ihr Verständnis und Ihre Merkfähigkeit langfristig zu verbessern, ist es an der Zeit, einige konkrete Strategien zu erörtern, mit denen Sie das gleiche Ziel schneller erreichen können. Die erste Strategie, die wir besprechen werden, gehört zu den wirkungsvollsten Tricks, die Sie beim Schnelllesen anwenden können, und das ist die Visualisierung.

Die Visualisierung ist ein so mächtiges Werkzeug für das schnelle Lesen, weil der Mensch ein weitgehend visuelles Wesen ist. Unser Überleben hängt seit jeher vom Sehvermögen ab. Auch heute noch machen visuelle Informationen über 70 Prozent unserer täglichen Sinneseindrücke aus. Sprache dagegen ist keine natürliche Fähigkeit, die der Mensch schon immer besaß. Sie wurde über Jahrhunderte der Evolution erlernt und verinnerlicht. Wenn wir also Wörter lesen, müssen wir in der Lage sein, sie in Bilder zu übersetzen, um sie optimal zu verstehen.

Diese Aktivität wird als dynamisches Verstehen bezeichnet, bei dem Sie während des Lesens eine Reihe von Bildern in Ihrem Kopf entstehen lassen, um das Geschriebene zu verstehen, anstatt die Wörter in Ihrem Kopf zu wiederholen. Wie wir bereits besprochen haben, ist es schwierig, mit dem Subvokalisieren aufzuhören. Aber wenn Sie es schaffen, es durch Visualisierung zu ersetzen, werden Sie zu einem geübten Leser, der das Gelesene gut versteht und behält.

Eine guter Anfang, diese Fähigkeit zu testen und zu trainieren, ist das Lesen von fiktiven Büchern. Es ist viel einfacher, sich eine Geschichte zu vergegenwärtigen, weil man sich in das Gesichtsfeld der einzelnen Figuren hineinversetzen kann, wenn der Autor sie gut beschrieben hat. Es ist schwierig, sofort mit der Visualisierung komplexer Texte zu beginnen, und das Lesen von Belletristik wird Ihnen helfen, Ihre Fähigkeiten allmählich aufzubauen, so dass Sie schließlich lernen können, durch Visualisierung schwieriger Inhalte schneller zu lesen. Sobald Sie mit Geschichten vertraut sind, die sich leicht visualisieren lassen, können Sie zu technischeren Texten übergehen.

Wenn Sie fiktionale Texte verwenden, um die Visualisierung zu üben, sollten Sie einige Tipps im Hinterkopf behalten. Erstens: Bleiben Sie am Ball und versuchen Sie, die Visualisierung jeden Tag zu trainieren, wenn auch nur kurz. Zweitens: Gehen Sie bei Ihren Visualisierungen so detailliert vor, wie Sie nur können. Fantasy-Literatur eignet sich aufgrund des Aufbaus derer Welt besonders gut dafür. Die *Game of Thrones*-Bücher oder die Bücher von Brandon Sanderson könnten einen Versuch wert sein. Achten Sie darauf, dass Sie Pausen einlegen, denn umfangreiche Visualisierungen können am Anfang sehr ermüdend sein.

Neben dem Lesen gibt es verschiedene Visualisierungsübungen, die Ihnen helfen können. Diese sind recht einfach und erfordern nicht viel Zeit, sind aber eine hervorragende Möglichkeit, diese Fähigkeit zu üben. Für den Anfang können Sie ein beliebiges Bild auf Ihrem Handy aufnehmen und es so lange wie nötig aufmerksam betrachten. Schließen Sie dann die Augen und beschreiben Sie jede Einzelheit so detailliert wie möglich. Wenn Sie das Gefühl haben, dass Sie alles beschreiben haben, woran Sie sich erinnern können, sehen Sie sich das Bild noch einmal an und prüfen Sie, wie Sie abgeschnitten haben.

Versuchen Sie es nach ein paar Minuten noch einmal mit einem anderen Bild. Sie können diese Übung auch mit Gegenständen, Orten und Personen wiederholen, mit dem kleinen Unterschied, dass Sie sie in Ihrem Kopf von allen Seiten betrachten müssen, so dass Sie jedes winzige Detail wiedergeben können. Üben Sie so lange, bis Sie spüren, dass Sie sich mit der Visualisierung immer wohler fühlen. Mit der Zeit wird diese Tätigkeit weniger Energie verbrauchen, und Sie werden auch merken, wie sie sich auf Ihre Lesegeschwindigkeit auswirkt.

Okulare Fitness

Nach der Visualisierung ist ein weiteres unschätzbares Hilfsmittel zur Verbesserung des Verständnisses und der Merkfähigkeit Ihre Augenfitness. Dabei geht es im Wesentlichen darum, Ihre Sehspanne zu erweitern, damit Sie mehr Wörter auf einmal sehen können. Normalerweise bewegen sich Ihre Augen und bleiben auf jedem einzelnen Wort stehen, bevor sie zum nächsten übergehen. Dies ist ein äußerst ineffizienter Prozess, der viel Zeit in Anspruch nimmt, die man einsparen kann. Wenn Sie Ihre Sehspanne erweitern, können Sie mehr Wörter auf einmal lesen, was bedeutet, dass Ihre Augen keine Zeit damit verschwenden müssen, sich auf jedes einzelne Wort zu fixieren. Stattdessen können Sie ganze Abschnitte gleichzeitig verarbeiten und so Ihre Lesegeschwindigkeit insgesamt erhöhen.

Der Hauptdarsteller in diesem Drama ist Ihr peripheres Sehen. Ihr peripheres Sehen bestimmt alle Dinge, die Sie außerhalb Ihres Hauptblickfeldes sehen können. Wenn Sie also geradeaus schauen, können Sie wahrscheinlich immer noch einige Dinge am Rande Ihres Blickfelds sehen, wenn auch nicht deutlich. Nichtsdestotrotz werden diese Objekte von Ihren Augen registriert und in Ihrem Gehirn verarbeitet, weil Sie sie ja tatsächlich sehen. Obwohl dies im wirklichen Leben nur in gefährlichen Situationen nützlich ist, kann das periphere Sehen beim Lesen ein äußerst nützliches Hilfsmittel sein, da Sie die Wörter nicht unbedingt richtig lesen müssen, damit sie von Ihrem Gehirn registriert und verstanden werden.

Das Problem ist, dass das periphere Sehen in unserem täglichen Leben so selten genutzt wird, dass die Wahrscheinlichkeit groß ist, dass Ihre Sehspanne nicht sehr weit ist. Sie muss also trainiert und erweitert werden, damit sie beim Lesen nützlich ist. Es gibt nur eine Möglichkeit, die Augen darauf zu konditionieren, in der Peripherie mehr zu sehen, und zwar durch Training. Es gibt verschiedene Übungen, die Sie abwechselnd durchführen können, damit es nicht zu eintönig wird. Wenn Sie beharrlich und ausdauernd sind, werden Sie schon bald Ergebnisse sehen.

Bevor wir uns mit den wichtigsten Techniken befassen, gibt es einige kleinere Dinge, die Sie tun können, um Ihre Sehkraft zu verbessern. Dies wird zu Ihrem peripheren Sehen beitragen und auch Ihre Lesegeschwindigkeit verbessern. Eines der wichtigsten Dinge, die Sie tun können, um Ihre Sehkraft grundsätzlich zu verbessern, ist eine gesunde Ernährung. Es gibt eine Reihe von Lebensmitteln, die gut für die Augen sind, z. B. Karotten, Eier, mageres Fleisch, Lachs, Süßkartoffeln usw. Binden Sie diese in Ihre Mahlzeiten ein.

Vermeiden Sie das Rauchen. Augeninfektionen sind eine der vielen Krankheiten, die Sie vermeiden können, wenn Sie das Rauchen aufgeben. Rauchen erhöht außerdem die Wahrscheinlichkeit um das Vierfache, an altersbedingter Makuladegeneration und Katarakten zu erkranken, die weltweit zu den Hauptursachen für Erblindung gehört.

Vermeiden Sie es, Ihre Augen zusammenzukneifen, da dies Ihr Blickfeld einschränkt. Entspannen Sie Ihre Augen in regelmäßigen Abständen, wenn Sie einen Bildschirm benutzen, vor allem, wenn Sie dies über einen längeren Zeitraum hinweg tun. Blinzeln Sie regelmäßig, denn das entspannt die Muskeln um Ihre Augen und verhindert, dass Sie die Augen zusammenkneifen. Und schließlich sollten Sie auf eine Sonnenbrille verzichten. Sie verhindert nämlich, dass Licht bestimmter Wellenlängen in Ihre Augen eindringt, und das wirkt sich auf ihre allgemeine Gesundheit aus. Sie kann auch dazu führen, dass sich Strahlung in Ihren Augen ansammelt, was auf lange Sicht katastrophale Folgen für Sie haben kann.

Nachdem wir die kleineren Maßnahmen hinter uns gebracht haben, können wir nun zu dem Teil kommen, in dem wir Übungen besprechen. Einige wurden bereits behandelt, und einige weitere werden hier aufgeführt.

Die 20-20-20-Übung

Die erste Übung heißt 20-20-20. Bei dieser Übung müssen Sie abwechselnd etwas betrachten, das sich in Ihrer Nähe befindet, z. B. einen Bildschirm, und etwas, das mindestens 20 Fuß (~6m) entfernt ist. Dadurch werden Ihre Augen nicht überanstrengt und effizient trainiert. Die 20-20-20-Übung heißt so, weil Sie alle 20 Minuten für 20 Sekunden auf etwas schauen müssen, das mindestens 20 Fuß (~6m) entfernt ist.

Eye Writing

Eine weitere praktische Übung ist das sogenannte Eye Writing oder Augenschreiben. Schauen Sie auf eine leere Wand und bewegen Sie Ihre Augäpfel so, wie Sie einen Stift beim Schreiben von Buchstaben bewegen würden. Sie können einfach das Alphabet von A bis Z durchgehen oder bestimmte Wörter verwenden, um die Sache etwas interessanter zu machen. Achten Sie darauf, dass Sie bei dieser Übung Ihren Kopf nicht bewegen, damit nur Ihre Augen arbeiten. Mit etwas Training werden Ihre

Augenmuskeln gestärkt und ihre Flexibilität sowie ihr Bewegungsspielraum verbessert.

Blick auf die Uhr

Eine dritte ausgezeichnete Übung für die Augen ist der Blick auf die Uhr. Dazu müssen Sie sich mit aufrechter Wirbelsäule irgendwo hinsetzen und sich eine riesige Analoguhr vorstellen. Schauen Sie nun von der Zwölf-Uhr-Position auf die Sechs-Uhr-Position. Als Nächstes richten Sie Ihren Blick von der Mitte auf die Ein-Uhr-Position und dann auf die Sieben-Uhr-Position. Danach schauen Sie von der Zwei-Uhr-Position auf die Acht-Uhr-Position und so weiter, bis Sie wieder bei zwölf und sechs Uhr angelangt sind.

Berühren Sie nach all diesen Übungen Ihre Augen sanft mit der Handfläche. Dazu reiben Sie einfach Ihre Handflächen einige Sekunden lang aneinander, um Wärme zu erzeugen, und legen sie dann auf Ihre Augen. Massieren Sie 30 Sekunden lang mit der Außenseite Ihrer Handfläche sanft die knöchernen Bereiche um Ihre Augen.

Schließen Sie abschließend die Augen und blicken Sie einige Augenblicke in die Dunkelheit, bevor Sie sich wieder anderen Aktivitäten zuwenden.

Lesen für Ideen

Der beste Weg, das Schnelllesen zu verbessern und dabei so viel wie möglich zu behalten und zu verstehen, besteht darin, von denjenigen zu lernen, die diese Fähigkeit gemeistert haben. Im Internet gibt es einige falsche Speed-Reading-Experten, die mit ihrer Ware hausieren gehen, aber es gibt auch einige echte Perlen, die Ihnen helfen können, eine Menge über den Prozess und die Aktivität zu lernen. Von diesen werden wir ein Buch besprechen, das Ihnen auf Ihrer Reise zum Schnelllesen sehr nützlich sein kann. Dieses Buch heißt *„Speed Reading with Your Right Brain: Learn to read ideas instead of just words"* von David Butler.

Wir haben dieses Buch ausgewählt, weil es das zentrale Thema aufgreift, das wir in diesem Kapitel zu erläutern versuchen. Dieses Thema ist, dass Speed Reading, also superschnelles Lesen, nutzlos ist, wenn man die Informationen, die man liest, nicht auch versteht. Deshalb haben wir uns darauf konzentriert, das Verständnis und die Merkfähigkeit aufrechtzuerhalten und gleichzeitig die Lesegeschwindigkeit zu verbessern, und Butler versucht in seinem Buch, dasselbe zu tun.

In Butlers Werk findet sich auch die Hervorhebung der Visualisierung wieder, auf die wir uns die ganze Zeit über konzentriert haben, sowie der Gedanke, dass einzelne Wörter nicht viel aussagen. Erst wenn man sie in Gruppen zusammenfasst, kann man sehen, wie sich Ideen und Konzepte bilden. Dies zeigt, dass man nicht jedes Wort einzeln durchgehen muss, wie es einem als Kind beigebracht wurde; man kann problemlos mehrere Wörter gleichzeitig aufnehmen und die Dinge trotzdem genauso effizient verstehen wie bei der früheren Lesemethode.

Genau aus diesem Grund konzentriert sich Butler so sehr auf die rechte Gehirnhälfte - den Teil des Gehirns, der für die Visualisierung zuständig ist. Er glaubt, dass der Schlüssel zum schnellen Lesen oder, wie er es nennt, zum „schnellen Verstehen" nicht darin liegt, sich auf die linke Hemisphäre zu verlassen, die im Allgemeinen für das Sprachverständnis und die Sprache zuständig ist, sondern auf die rechte Hemisphäre, die für die Visualisierung verantwortlich ist.

Das Buch hat seine eigenen Methoden und Rahmenbedingungen, um die Leser zu ermutigen, ihren Weg durch das Lernen und Lesen zu visualisieren, und es wird zweifellos eine bereichernde Erfahrung sein, dieses und auch sein Buch gemeinsam zu lesen. Sie könnten auch viele der Tricks, die Sie in diesem Buch gelernt haben, bei der Lektüre von Butlers Buch anwenden und vergleichen, welche Methoden und Strategien Ihnen am besten liegen.

Vorratsspeicherung

Bislang haben wir uns in diesem Kapitel auf das Verstehen und das Behalten konzentriert. In diesem Abschnitt werden wir uns jedoch ausschließlich auf Letzteres konzentrieren, denn schließlich handelt es sich um zwei verwandte, aber dennoch unterschiedliche Dinge. Indem Sie Ihr Erinnerungsvermögen verbessern, stellen Sie sicher, dass Sie das Gelesene länger behalten, und das ist schließlich das Ziel des Lesens: sich Wissen anzueignen und es so lange wie möglich zu behalten. Zu diesem Zweck werden wir einige Tipps und Strategien erörtern, die Sie befolgen können, um sicherzustellen, dass Sie von all dem, was Sie lesen, so viel wie möglich im Gedächtnis behalten.

Notizen machen

Die erste Strategie, die wir besprechen werden, ist eigentlich kein einzelner Tipp, sondern eine ganze Reihe von ihnen, und sie drehen sich darum, Ihre Gedanken beim Lesen eines Textes auszudrücken. Achten

Sie immer darauf, dass Sie sich während des Lesens eines Textes Notizen machen und Ihre Gedanken zu dem Thema aufschreiben. Sie können dafür die Seitenränder, einen separaten Notizblock oder einzelne Seiten Papier verwenden, je nachdem, was Sie bevorzugen. Unterstreichen Sie alles, was Sie für wichtig halten, und kopieren Sie bei Bedarf Textstellen. Auf diese Weise wird sichergestellt, dass Sie sich tatsächlich mit dem Gelesenen auseinandersetzen, anstatt es nur passiv zu konsumieren, was die Wahrscheinlichkeit erhöht, dass Sie sich in Zukunft an den Text erinnern.

Der deutsche Denker Karl Marx nahm diese Methode sehr ernst. Bei der Lektüre komplexer Texte verwendete er für jede Seite, die er von anderen Philosophen las, eine Seite mit Notizen. Man muss zwar nicht so weit gehen, aber dies veranschaulicht, wie wichtig und wertvoll es ist, sich auf intellektueller Ebene mit Texten zu beschäftigen, um Dinge besser zu behalten und zu verstehen.

Zusammenfassend

Die nächste Strategie, die wir besprechen werden, ist eng mit der ersten verknüpft, und zwar die Zusammenfassung jedes Kapitels oder sogar jedes Abschnitts, den Sie in einem Text lesen. Schlüsseln Sie die wichtigsten Ideen, die zum Ausdruck gebracht wurden, so einfach wie möglich auf. Alternativ können Sie auch einfach Ihre wichtigsten Erkenntnisse aus dem Abschnitt oder Kapitel in Stichpunkten notieren. Dies ist eine weitere Möglichkeit, sich mit dem Text zu beschäftigen. Sie gibt Ihrem Gedächtnis solide Hinweise darauf, was es behalten soll, indem es die Masse des Textes in viel kürzere, verdauliche Häppchen zerlegt.

Geben Sie Ihr Wissen weiter

Bei unserer dritten Strategie müssen Sie einen Freund, ein Elternteil oder eine andere Person hinzuziehen, die bereit ist, Ihnen zuzuhören, denn hier bringen Sie jemand anderem das bei, was Sie gerade gelernt haben. Dies ist mit Sicherheit eine der besten Methoden, um sich den Stoff zu merken, denn dabei wird getestet, wie gut Sie das Konzept verstanden haben und ob Sie es so aufschlüsseln können, dass es auch von anderen verstanden wird. Damit unterscheidet sich diese Technik grundlegend von den beiden vormals besprochenen Methoden, denn dort können wir oft damit durchkommen, dass wir etwas nicht ganz verstanden haben. Hier können wir das nicht. Wenn es Ihnen gelingt, einer anderen Person etwas gut zu erklären, ist das ein sicheres Zeichen dafür, dass Sie selbst den Inhalt beherrschen. Wenn nicht, sollten Sie es vielleicht noch einmal durchgehen.

Mindmaps verwenden

Unsere vierte Strategie ist die Verwendung von Mindmaps oder „Gedanken-Landkarten". Dies sind unglaublich einfache, aber leistungsstarke Werkzeuge, um alles, was Sie gelernt haben, in einer Weise zusammenzufassen, die visuell verarbeitet werden kann. Sie können auch nützlich sein, um Probleme zu lösen und das fehlende Glied in einer Kette oder einem Cluster verwandter Konzepte zu finden.

Um eine Mindmap zu erstellen, beginnen Sie in der Mitte der Seite mit einem Konzept. Das kann der Name des Buches sein, ein bestimmtes Konzept, ein Thema, im Grunde irgendetwas, das den Kern von dem darstellt, was Sie gelernt haben. Zeichnen Sie dann Zweige, die sich von diesem Hauptthema in alle Richtungen erstrecken. Notieren Sie am Ende dieser Zweige ein Element, das mit dem Hauptthema zusammenhängt. Wenn Sie also das Thema Wirtschaft in den Mittelpunkt stellen, könnte einer der Zweige „Gesetz von Angebot und Nachfrage" enthalten. „Ein anderer könnte „Veblen-Güter" enthalten, und so weiter und so fort.

McDowells Raster

Die fünfte Strategie zur Verbesserung des Behaltens ist als „McDowell Grid" bekannt. Einfach ausgedrückt, soll dieses Raster Ihre

Reaktion auf bestimmte Ideen oder Konzepte, die Sie in einem Text finden, erfassen. Die Idee ist, dass Ihre persönlichen Reaktionen vor allem vorhersagen, wie wahrscheinlich es ist, dass Sie ein bestimmtes Konzept behalten werden.

Die Erstellung dieses Rasters ist einfach. Sie können einen Stift und Papier oder ein Textverarbeitungsprogramm verwenden. Alles, was Sie brauchen, ist eine Tabelle mit zwei Spalten und so vielen Zeilen wie nötig. Auf der linken Seite notieren Sie alle Ideen oder Konzepte, auf die Sie im Text gestoßen sind. Auf der rechten Seite notieren Sie Ihre Reaktion auf das Konzept. Hat es Sie fasziniert? War es langweilig? Mussten Sie lachen? Schreiben Sie all das auf. Dieses Raster dient nicht nur als wichtige Zusammenfassung, sondern ermöglicht es Ihnen auch, Dinge zu erkennen, die Sie interessieren, und in Zukunft mehr darüber zu lesen.

Der Baum des Wissens

Unsere sechste und letzte Idee ähnelt der Mindmap, aber anstatt Konzepte zu verbinden, die Sie im selben Text finden, werden wir dies nutzen, um Ideen aus *verschiedenen* Texten zu kombinieren. Wir werden dies einen Wissensbaum nennen. Stellen Sie sich einen Text als einen Baum vor, mit einigen grundlegenden Konzepten, die den Stamm bilden, und anderen, kleineren Konzepten, die sich in den Ästen befinden. Die Idee ist, Zweige aus verschiedenen Texten miteinander zu verknüpfen, um das Lernen zu beschleunigen und die Merkfähigkeit zu verbessern. Da Sie hierbei neues Wissen mit Dingen verknüpfen, die Sie bereits kennen, ist es wahrscheinlicher, dass Ihr Gehirn diese Informationen speichert.

Fazit

- Beim Schnelllesen geht es nicht nur darum, so schnell wie möglich zu lesen. Man muss sich auch auf das Verstehen und das Behalten konzentrieren, denn sonst nützt das Lesen nicht viel.

- Der Mensch ist weitgehend ein visuelles Wesen. Dies macht die Visualisierung zu einem der mächtigsten Werkzeuge, die Sie einsetzen können, um mehr zu verstehen und zu behalten. Trainieren Sie Ihre Visualisierungsfähigkeiten, indem Sie fiktive Geschichten lesen, die sich besser für die Visualisierung eignen. Sie können diese Fähigkeit auch trainieren, indem Sie Fotos, Objekte oder Personen ein paar Sekunden genau betrachten. Schließen Sie dann die Augen und erinnern Sie sich an so viele Details, wie Sie können. Je besser Ihre Vorstellungskraft wird, desto besser werden Sie beim Schnelllesen verstehen und behalten.
- Eine weitere Notwendigkeit, um mehr zu verstehen und zu behalten, besteht darin, die Augen zu trainieren, um mehr Wörter gleichzeitig zu sehen. Dies können Sie erreichen, indem Sie Ihr peripheres Sehen durch eine Reihe von Übungen trainieren. Sie können auch kluge Lebensentscheidungen treffen, z. B. Ihre Ernährung verbessern, mit dem Rauchen aufhören und das

Zusammenkneifen der Augen vermeiden, um Ihre Augen lange gesund zu erhalten.
- Ein weiteres großartiges Buch, das viele der in diesem Buch enthaltenen Ideen aufgreift, ist David Butlers *Speed Reading with the Right Brain*. Butler konzentriert sich auf die rechte Gehirnhälfte, weil sie für die Visualisierung zuständig ist, während das Sprachverständnis und die Sprache normalerweise von der linken Gehirnhälfte gesteuert werden. Wir müssen jedoch allmählich dazu übergehen, unsere rechte Gehirnhälfte stärker zu nutzen, wenn wir schneller lesen und dabei auch etwas behalten und verstehen wollen.
- Um mehr von dem Gelesenen zu behalten, sollten Sie sich ausführliche Notizen machen und sich so viel wie möglich mit dem Text beschäftigen. Erstellen Sie Zusammenfassungen der einzelnen Kapitel und schreiben Sie Ihre Gedanken und wichtigsten Erkenntnisse auf.

Zusammenfassung

<u>**KAPITEL 1. JA, ES IST WAHR.**</u>

- Herkömmliches Lesen kann viel zu lange dauern. In der heutigen Zeit haben wir oft nicht die Zeit, uns durch Hunderte von Buchseiten zu quälen. Um dieses Problem zu lösen, müssen wir lernen, wie wir schneller lesen können, damit es unser tägliches Leben nicht allzu sehr aufhält. Genau darum geht es beim Speed Reading.
- Am Schnelllesen sind vor allem zwei Hirnareale beteiligt, das Broca-Areal und das Wernicke-Areal. Das Broca-Areal ist für die Sprachproduktion zuständig, während das Wernicke-Areal das Sprachverständnis steuert. Wie wir später sehen werden sind diese Areale sehr wichtig, wenn es darum geht, Subvokalisation zu reduzieren. Das

bedeutet, dass die Funktion des Broca-Areals übersprungen wird und man ausschließlich mit dem Wernicke-Areal arbeitet.
- Im Internet kursieren diverse Mythen über das Schnelllesen. Der größte von ihnen besagt, dass Schnelllesen selbst ein Mythos ist und nicht dazu beiträgt, dass man schneller liest. Das ist schlichtweg falsch. Ein weiterer weit verbreiteter Mythos besagt, dass man sich das Lesen von Zehntausenden von Wörtern pro Minute antrainieren kann, was nicht möglich ist. Ein dritter Mythos besagt, dass Subvokalisation für das richtige Verständnis von Wörtern unerlässlich ist. Dies mag zwar in einigen Fällen zutreffen, ist aber sicherlich nicht in allen Fällen richtig.
- Es gibt viele Vorteile des Schnelllesens, die Sie genießen können, wenn Sie die Techniken in diesem Buch anwenden. Dazu gehören Verbesserungen in der Logik, da Sie sich besser auf Texte einlassen, eine Verbesserung des Gedächtnisses und der Konzentration, da Sie nur dann schneller lesen können,

wenn Sie sich voll und ganz auf Ihren Text konzentrieren, und ein größeres Selbstvertrauen aufgrund des Wissens, das Sie in kurzer Zeit erworben haben.

KAPITEL 2. VORABLESEN IST DER WEG

- Bei der Textvorschau geht es im Wesentlichen darum, alle relevanten Informationen über einen Text zu sammeln, die Sie vor dem Lesen wissen sollten. Dabei kann es sich um grundlegende Informationen wie den Titel des Textes, die Inhaltsangabe, das Inhaltsverzeichnis usw. handeln, aber auch um aufwändigere Methoden der Textvorschau, um sich mit dem Text besser vertraut zu machen.
- Eine etwas komplexere Methode ist die KBG-Methode. Hier notieren Sie zunächst alle grundlegenden Details wie den Titel, die Überschriften usw. Dann folgt die Einleitung, der Schluss, die erste Zeile nach jeder Überschrift und Dinge wie Lernziele. Schließlich notieren Sie, was Sie bereits über das dem Text zugrunde liegende Hauptthema wissen,

welche Vorurteile Sie gegenüber dem Text oder seinen Ideen/Themen haben und welche Lernziele Sie für den Text anstreben.
- Eine weitere ähnliche Methode ist die 4-P-Methode, wobei die vier P's Zweck (purpose), Vorschau (preview), Vorwissen (prior knowledge) und Vorhersage (predict) sind. Wie bei der KBG-Methode notieren Sie, warum Sie den Text lesen und gehen dann die rudimentären Teile des Buches durch, wie z. B. den Titel und die Überschriften. Überlegen Sie anschließend, was Sie bereits über die Hauptthemen des Textes wissen, und stellen Sie schließlich einige fundierte Vorhersagen darüber an, was der Autor über diese Themen sagen wird.
- Die letzte Vorschaumethode wird als THIEVES-Methode bezeichnet. Hier gehen Sie den Titel, die Überschriften, die Einleitung, den ersten Satz nach jeder Überschrift, die visuellen Hilfsmittel, die Fragen am Ende jedes Kapitels und die Zusammenfassungen durch, falls es welche gibt.

KAPITEL 3. GRUNDLAGEN DES SPEED-READING

- Dieses Kapitel hat einen doppelten Schwerpunkt. Es legt den Schwerpunkt sowohl auf schnelles Lesen als auch auf das bestmögliche Behalten des Inhalts, was vor allem durch drei Techniken möglich ist.
- Zunächst müssen wir Subvokalisation eliminieren. Das ist die Praxis, Wörter im Kopf zu sprechen, während man sie liest. Subvokalisation verringert die Geschwindigkeit, mit der wir lesen können, erheblich. Es wird jedoch einige Zeit dauern, diese Gewohnheit loszuwerden, da diese Praxis bei den meisten von uns fest verankert ist. Um das Lesen ohne Subvokalisation zu üben, versuchen Sie, sich beim Lesen mit leiser Musik im Hintergrund abzulenken. Verwenden Sie visuelle Hilfsmittel wie einen Finger zum Lesen, und auch Kaugummi kauen hilft Ihnen, weniger zu subvokalisieren.

- Als Nächstes müssen wir unsere Augen trainieren, um besser lesen zu können. Den meisten von uns ist nicht bewusst, wie sehr sich unsere Augen beim Lesen hin und her bewegen. Dadurch werden wir langsamer, weil wir Wörter, die wir bereits gelesen haben, noch einmal lesen müssen. Wir müssen unsere Augen trainieren, den Blick zu fixieren, und wir müssen unsere Augen auch befähigen, mehr Wörter auf einmal aufzunehmen. Wir neigen dazu, uns auf jedes einzelne Wort zu konzentrieren, aber mit etwas Übung können wir zwei bis fünf Wörter gleichzeitig lesen.
- Die dritte Strategie besteht darin, effektiv und systematisch zu überfliegen. Dazu werden in jeder Zeile die drei Wörter am Rand übersprungen, und zwar sowohl auf der linken als auch auf der rechten Seite, da diese ohnehin von unserem peripheren Sehen erfasst werden. Außerdem müssen wir beim Lesen bedeutungslose Wörter auslassen, da sie unser Verständnis der wichtigsten Ideen und Konzepte des Buches nicht verbessern. Und schließlich müssen wir

den Text nach wichtigen Wörtern
absuchen. Dabei handelt es sich in der
Regel um Substantive oder Verben,
während Konjunktionen und
Präpositionen im Allgemeinen
übersprungen werden können.

**KAPITEL 4. VERBESSERUNG DES
VERSTÄNDNISSES UND DES BEHALTENS**

- Beim Schnelllesen geht es nicht nur darum, so schnell wie möglich zu lesen. Man muss sich auch auf das Verstehen und das Behalten konzentrieren, denn sonst nützt das Lesen nicht viel.
- Der Mensch ist weitgehend ein visuelles Wesen. Dies macht die Visualisierung zu einem der mächtigsten Werkzeuge, die Sie einsetzen können, um mehr zu verstehen und zu behalten. Trainieren Sie Ihre Visualisierungsfähigkeiten, indem Sie fiktive Geschichten lesen, die sich besser für die Visualisierung eignen. Sie können diese Fähigkeit auch trainieren, indem Sie Fotos, Objekte oder Personen ein paar Sekunden genau betrachten. Schließen Sie dann die Augen und erinnern Sie sich an so viele

Details, wie Sie können. Je besser Ihre Vorstellungskraft wird, desto besser werden Sie beim Schnelllesen verstehen und behalten.
- Eine weitere Notwendigkeit, um mehr zu verstehen und zu behalten, besteht darin, die Augen zu trainieren, um mehr Wörter gleichzeitig zu sehen. Dies können Sie erreichen, indem Sie Ihr peripheres Sehen durch eine Reihe von Übungen trainieren. Sie können auch kluge Lebensentscheidungen treffen, z. B. Ihre Ernährung verbessern, mit dem Rauchen aufhören und das Zusammenkneifen der Augen vermeiden, um Ihre Augen lange gesund zu erhalten.
- Ein weiteres großartiges Buch, das viele der in diesem Buch enthaltenen Ideen aufgreift, ist David Butlers *Speed Reading with the Right Brain*. Butler konzentriert sich auf die rechte Gehirnhälfte, weil sie für die Visualisierung zuständig ist, während das Sprachverständnis und die Sprache normalerweise von der linken Gehirnhälfte gesteuert werden. Wir

müssen jedoch allmählich dazu übergehen, unsere rechte Gehirnhälfte stärker zu nutzen, wenn wir schneller lesen und dabei auch etwas behalten und verstehen wollen.
- Um mehr von dem Gelesenen zu behalten, sollten Sie sich ausführliche Notizen machen und sich so viel wie möglich mit dem Text beschäftigen. Erstellen Sie Zusammenfassungen der einzelnen Kapitel und schreiben Sie Ihre Gedanken und wichtigsten Erkenntnisse auf.

www.ingramcontent.com/pod-product-compliance
Lightning Source LLC
Chambersburg PA
CBHW012208090526
44583CB00023BA/2980